# LOIS

# SUR L'ENSEIGNEMENT

## DES 15 MARS 1850, 9 MARS 1852 ET 14 JUIN 1854

SUIVIES DES PRINCIPAUX RÈGLEMENTS

RENDUS POUR LEUR EXÉCUTION.

PARIS.

IMPRIMERIE ET LIBRAIRIE CLASSIQUES

DE JULES DELALAIN

IMPRIMEUR DE L'UNIVERSITÉ

Rues de Sorbonne et des Mathurins-Saint-Jacques.

# LOI SUR L'ENSEIGNEMENT.

(15 Mars 1850.)



*AU NOM DU PEUPLE FRANÇAIS.*

L'Assemblée nationale a adopté la loi dont la teneur suit :

## TITRE PREMIER.

### DES AUTORITÉS PRÉPOSÉES A L'ENSEIGNEMENT.

CHAP. I^er^. — *Du conseil supérieur de l'instruction publique.*

Art. 1er. Le conseil supérieur de l'instruction publique est composé comme il suit :

Le ministre, président ;

Quatre archevêques ou évêques, élus par leurs collègues ;

Un ministre de l'église réformée, élu par les consistoires ;

Un ministre de l'église de la confession d'Augsbourg, élu par les consistoires ;

Un membre du consistoire central israélite, élu par ses collègues ;

Trois conseillers d'État, élus par leurs collègues ;

Trois membres de la cour de cassation, élus par leurs collègues ;

Trois membres de l'Institut, élus en assemblée générale de l'Institut ;

Huit membres nommés par le président de la république, en conseil des ministres, et choisis parmi les anciens membres du conseil de l'Université, les inspecteurs généraux ou supérieurs, les recteurs et les professeurs des facultés. Ces huit membres forment une section permanente ;

Trois membres de l'enseignement libre nommés par le président de la république, sur la proposition du ministre de l'instruction publique.

Art. 2. Les membres de la section permanente sont nommés à vie.

Ils ne peuvent être révoqués que par le président de la république, en conseil des ministres, sur la proposition du ministre de l'instruction publique.

Ils reçoivent seuls un traitement.

Art. 3. Les autres membres du conseil sont nommés pour six ans.

Ils sont indéfiniment rééligibles.

Art. 4. Le conseil supérieur tient au moins quatre sessions par an.

Le ministre peut le convoquer en session extraordinaire toutes les fois qu'il le juge convenable.

Art. 5. Le conseil supérieur peut être appelé à donner son avis sur les projets de lois, de règlements et de décrets relatifs à l'enseignement, et en général sur toutes les questions qui lui seront soumises par le ministre.

Il est nécessairement appelé à donner son avis :

Sur les règlements relatifs aux examens, aux concours et aux programmes d'études dans les écoles publiques, à la surveillance des écoles libres, et, en général, sur tous les arrêtés portant règlement pour les établissements d'instruction publique;

Sur la création des facultés, lycées et colléges;

Sur les secours et encouragements à accorder aux établissements libres d'instruction secondaire;

Sur les livres qui peuvent être introduits dans les écoles publiques, et sur ceux qui doivent être défendus dans les écoles libres, comme contraires à la morale, à la constitution et aux lois.

Il prononce en dernier ressort sur les jugements rendus par les conseils académiques dans les cas déterminés par l'article 14.

Le conseil présente, chaque année, au ministre un rapport sur l'état général de l'enseignement, sur les abus qui pourraient s'introduire dans les établissements d'instruction, et sur les moyens d'y remédier.

Art. 6. La section permanente est chargée de l'examen préparatoire des questions qui se rapportent à la police, à la comptabilité et à l'administration des écoles publiques.

Elle donne son avis, toutes les fois qu'il lui est demandé par le ministre, sur les questions relatives aux droits et à l'avancement des membres du corps enseignant.

Elle présente annuellement au conseil un rapport sur l'état de l'enseignement dans les écoles publiques.

## CHAP. II. — *Des conseils académiques.*

Art. 7. Il sera établi une académie dans chaque département.

Art. 8. Chaque académie est administrée par un recteur, assisté, si le ministre le juge nécessaire, d'un ou de plusieurs inspecteurs, et par un conseil académique.

Art. 9. Les recteurs ne sont pas choisis exclusivement parmi les membres de l'enseignement public.

Ils doivent avoir le grade de licencié, ou dix années d'exercice comme inspecteurs d'académie, proviseurs, censeurs, chefs ou professeurs des classes supérieures dans un établissement public ou libre.

Art. 10. Le conseil académique est composé ainsi qu'il suit :

Le recteur, président;

Un inspecteur de l'académie, un fonctionnaire de l'enseignement ou un inspecteur des écoles primaires, désigné par le ministre;

Le préfet ou son délégué;

L'évêque ou son délégué;

Un ecclésiastique désigné par l'évêque;

Un ministre de l'une des deux églises protestantes, désigné par le ministre de l'instruction publique, dans les départements où il existe une église légalement établie;

Un délégué du consistoire israélite dans chacun des départements où il existe un consistoire légalement établi;

Le procureur général près la cour d'appel, dans les villes où siége une cour d'appel, et dans les autres, le procureur de la république près le tribunal de première instance;

Un membre de la cour d'appel, élu par elle, ou, à défaut de cour d'appel, un membre du tribunal de première instance, élu par le tribunal;

Quatre membres élus par le conseil général, dont deux au moins pris dans son sein.

Les doyens des facultés seront, en outre, appelés dans le conseil académique, avec voix délibérative, pour les affaires intéressant leurs facultés respectives.

La présence de la moitié plus un des membres est nécessaire pour la validité des délibérations du conseil académique.

Art. 11. Pour le département de la Seine, le conseil académique est composé comme il suit :

Le recteur, président ;

Le préfet ;

L'archevêque de Paris ou son délégué ;

Trois ecclésiastiques, désignés par l'archevêque ;

Un ministre de l'église réformée, élu par le consistoire ;

Un ministre de l'église de la confession d'Augsbourg, élu par le consistoire ;

Un membre du consistoire israélite, élu par le consistoire ;

Trois inspecteurs d'académie, désignés par le ministre ;

Un inspecteur des écoles primaires, désigné par le ministre ;

Le procureur général près la cour d'appel, ou un membre du parquet désigné par lui ;

Un membre de la cour d'appel, élu par la cour ;

Un membre du tribunal de première instance, élu par le tribunal ;

Quatre membres du conseil municipal de Paris, et deux membres du conseil général de la Seine, pris parmi ceux des arrondissements de Sceaux et de Saint-Denis, tous élus par le conseil général ;

Le secrétaire général de la préfecture du département de la Seine.

Les doyens des facultés seront, en outre, appelés dans le conseil académique, avec voix délibérative, pour les affaires intéressant leurs facultés respectives.

Art. 12. Les membres des conseils académiques dont la nomination est faite par élection sont élus pour trois ans, et indéfiniment rééligibles.

Art. 13. Les départements fourniront un local pour le service de l'administration académique.

Art. 14. Le conseil académique donne son avis :

Sur l'état des différentes écoles établies dans le département ;

Sur les réformes à introduire dans l'enseignement, la discipline et l'administration des écoles publiques;

Sur les budgets et les comptes administratifs des lycées, colléges et écoles normales primaires;

Sur les secours et encouragements à accorder aux écoles primaires.

Il instruit les affaires disciplinaires relatives aux membres de l'enseignement public secondaire ou supérieur, qui lui sont renvoyées par le ministre ou le recteur.

Il prononce, sauf recours au conseil supérieur : sur les affaires contentieuses relatives à l'obtention des grades, aux concours devant les facultés, à l'ouverture des écoles libres, aux droits des maîtres particuliers et à l'exercice du droit d'enseigner; sur les poursuites dirigées contre les membres de l'instruction secondaire publique et tendant à la révocation, avec interdiction d'exercer la profession d'instituteur libre, de chef ou professeur d'établissement libre, et, dans les cas déterminés par la présente loi, sur les affaires disciplinaires relatives aux instituteurs primaires, publics ou libres.

Art. 15. Le conseil académique est nécessairement consulté sur les règlements relatifs au régime intérieur des lycées, colléges et écoles normales primaires, et sur les règlements relatifs aux écoles publiques primaires.

Il fixe le taux de la rétribution scolaire, sur l'avis des conseils municipaux et des délégués cantonaux.

Il détermine les cas où les communes peuvent, à raison des circonstances, et provisoirement, établir ou conserver des écoles primaires dans lesquelles seront admis des enfants de l'un et l'autre sexe, ou des enfants appartenant aux différents cultes reconnus.

Il donne son avis au recteur sur les récompenses à accorder aux instituteurs primaires.

Le recteur fait les propositions au ministre, et distribue les récompenses accordées.

Art. 16. Le conseil académique présente chaque année au ministre et au conseil général un exposé de la situation de l'enseignement dans le département.

Les rapports du conseil académique sont envoyés par le recteur au ministre, qui les communique au conseil supérieur.

## CHAP. III. — *Des écoles et de l'inspection.*

### Section 1re. *Des écoles.*

Art. 17. La loi reconnaît deux espèces d'écoles primaires ou secondaires :

1° Les écoles fondées ou entretenues par les communes, les départements ou l'État, et qui prennent le nom d'*écoles publiques ;*

2° Les écoles fondées et entretenues par des particuliers ou des associations, et qui prennent le nom d'*écoles libres.*

### Section 2e. *De l'inspection.*

Art. 18. L'inspection des établissements d'instruction publique ou libre est exercée :

1° Par les inspecteurs généraux et supérieurs ;

2° Par les recteurs et les inspecteurs d'académie ;

3° Par les inspecteurs de l'enseignement primaire ;

4° Par les délégués cantonaux, le maire et le curé, le pasteur ou le délégué du consistoire israélite, en ce qui concerne l'enseignement primaire.

Les ministres des différents cultes n'inspecteront que les écoles spéciales à leur culte, ou les écoles mixtes pour leurs coreligionnaires seulement.

Le recteur pourra, en cas d'empêchement, déléguer temporairement l'inspection à un membre du conseil académique.

Art. 19. Les inspecteurs d'académie sont choisis, par le ministre, parmi les anciens inspecteurs, les professeurs des facultés, les proviseurs et censeurs des lycées, les principaux des colléges, les chefs d'établissements secondaires libres, les professeurs des classes supérieures dans ces diverses catégories d'établissements, les agrégés des facultés et des lycées, et les inspecteurs des écoles primaires, sous la condition commune à tous du grade de licencié, ou de dix ans d'exercice.

Les inspecteurs généraux et supérieurs sont choisis par le ministre, soit dans les catégories ci-dessus indiquées, soit parmi les anciens inspecteurs généraux ou inspecteurs supérieurs de l'instruction primaire, les recteurs et inspecteurs d'académie, ou parmi les membres de l'Institut.

Le ministre ne fait aucune nomination d'inspecteur général sans avoir pris l'avis du conseil supérieur.

Art. 20. L'inspection de l'enseignement primaire est spécialement confiée à deux inspecteurs supérieurs.

Il y a, en outre, dans chaque arrondissement, un inspecteur de l'enseignement primaire, choisi par le ministre après avis du conseil académique.

Néanmoins, sur l'avis du conseil académique, deux arrondissements pourront être réunis pour l'inspection.

Un règlement déterminera le classement, les frais de tournée, l'avancement et les attributions des inspecteurs de l'enseignement primaire.

Art. 21. L'inspection des écoles publiques s'exerce conformément aux règlements délibérés par le conseil supérieur.

Celle des écoles libres porte sur la moralité, l'hygiène et la salubrité.

Elle ne peut porter sur l'enseignement que pour vérifier s'il n'est pas contraire à la morale, à la Constitution et aux lois.

Art. 22. Tout chef d'établissement primaire ou secondaire qui refusera de se soumettre à la surveillance de l'État, telle qu'elle est prescrite par l'article précédent, sera traduit devant le tribunal correctionnel de l'arrondissement, et condamné à une amende de 100 fr. à 1,000 fr.

En cas de récidive, l'amende sera de 500 fr. à 3,000 fr. Si le refus de se soumettre à la surveillance de l'État a donné lieu à deux condamnations dans l'année, la fermeture de l'établissement pourra être ordonnée par le jugement qui prononcera la seconde condamnation.

Le procès-verbal des inspecteurs constatant le refus du chef d'établissement fera foi jusqu'à inscription de faux.

## TITRE II.

## DE L'ENSEIGNEMENT PRIMAIRE.

### CHAP. Ier. — *Dispositions générales.*

Art. 23. L'enseignement primaire comprend :

L'instruction morale et religieuse;

La lecture;

L'écriture;

Les éléments de la langue française;

Le calcul et le système légal des poids et mesures.

Il peut comprendre en outre :

L'arithmétique appliquée aux opérations pratiques;

Les éléments de l'histoire et de la géographie;

Des notions des sciences physiques et de l'histoire naturelle, applicables aux usages de la vie;

Des instructions élémentaires sur l'agriculture, l'industrie et l'hygiène;

L'arpentage, le nivellement, le dessin linéaire;

Le chant et la gymnastique.

Art. 24. L'enseignement primaire est donné gratuitement à tous les enfants dont les familles sont hors d'état de le payer.

## CHAP. II. — *Des instituteurs.*

### Section 1re. *Des conditions d'exercice de la profession d'instituteur primaire public ou libre.*

Art. 25. Tout Français, âgé de vingt et un ans accomplis, peut exercer dans toute la France la profession d'instituteur primaire, public ou libre, s'il est muni d'un brevet de capacité.

Le brevet de capacité peut être suppléé par le certificat de stage dont il est parlé à l'art. 47, par le diplôme de bachelier, par un certificat constatant qu'on a été admis dans une des écoles spéciales de l'État, ou par le titre de ministre, non interdit ni révoqué, de l'un des cultes reconnus par l'État.

Art. 26. Sont incapables de tenir une école publique ou libre, ou d'y être employés, les individus qui ont subi une condamnation pour crime ou pour un délit contraire à la probité ou aux mœurs, les individus privés par jugement de tout ou partie des droits mentionnés en l'art. 42 du Code pénal[1], et ceux qui ont été interdits en vertu des art. 30 et 33 de la présente loi.

1. Les tribunaux jugeant correctionnellement pourront, dans certains cas, interdire, en tout ou en partie, l'exercice des droits civiques, civils et de famille suivants : 1° de vote et d'élection ; 2° d'éligibilité; 3° d'être appelé ou nommé aux fonctions de juré ou autres fonctions publiques, ou aux emplois de l'administration, ou d'exercer ces fonctions ou emplois; 4° du port d'armes; 5° de vote et de suffrage dans les délibérations de famille; 6° d'être tuteur, curateur

Section 2ᵉ. *Des conditions spéciales aux instituteurs libres.*

Art. 27. Tout instituteur qui veut ouvrir une école libre doit préalablement déclarer son intention au maire de la commune où il veut s'établir, lui désigner le local et lui donner l'indication des lieux où il a résidé et des professions qu'il a exercées pendant les dix années précédentes.

Cette déclaration doit être, en outre, adressée par le postulant au recteur de l'académie, au procureur de la république et au sous-préfet.

Elle demeurera affichée, par les soins du maire, à la porte de la mairie, pendant un mois.

Art. 28. Le recteur, soit d'office, soit sur la plainte du procureur de la république ou du sous-préfet, peut former opposition à l'ouverture de l'école, dans l'intérêt des mœurs publiques, dans le mois qui suit la déclaration à lui faite.

Cette opposition est jugée dans un bref délai, contradictoirement et sans recours, par le conseil académique.

Si le maire refuse d'approuver le local, il est statué à cet égard par ce conseil.

A défaut d'opposition, l'école peut être ouverte à l'expiration du mois, sans autre formalité.

Art. 29. Quiconque aura ouvert ou dirigé une école en contravention aux art. 25, 26 et 27, ou avant l'expiration du délai fixé par le dernier paragraphe de l'art. 28, sera poursuivi devant le tribunal correctionnel du lieu du délit, et condamné à une amende de 50 fr. à 500 fr.

L'école sera fermée.

En cas de récidive, le délinquant sera condamné à un emprisonnement de six jours à un mois et à une amende de 100 fr. à 1,000 fr.

La même peine de six jours à un mois d'emprisonnement et de 100 fr. à 1,000 fr. d'amende sera prononcée contre celui qui, dans le cas d'opposition formée à l'ouverture de son école, l'aura néanmoins ouverte avant qu'il ait été statué sur cette opposition, ou bien au mépris de la décision du conseil académique qui aurait accueilli l'opposition.

si ce n'est de ses enfants et sur l'avis seulement de la famille; 7° d'être expert ou employé comme témoin dans les actes; 8° de témoignage en justice, autrement que pour y faire de simples déclarations. (*Code pénal, art.* 42.)

Ne seront pas considérées comme tenant école les personnes qui, dans un but purement charitable et sans exercer la profession d'instituteur, enseigneront à lire et à écrire aux enfants, avec l'autorisation du délégué cantonal.

Néanmoins, cette autorisation pourra être retirée par le conseil académique.

Art. 30. Tout instituteur libre, sur la plainte du recteur ou du procureur de la république, pourra être traduit, pour cause de faute grave dans l'exercice de ses fonctions, d'inconduite ou d'immoralité, devant le conseil académique du département, et être censuré, suspendu pour un temps qui ne pourra excéder six mois, ou interdit de l'exercice de sa profession dans la commune où il exerce.

Le conseil académique peut même le frapper d'une interdiction absolue. Il y aura lieu à appel devant le conseil supérieur de l'instruction publique.

Cet appel devra être interjeté dans le délai de dix jours, à compter de la notification de la décision, et ne sera pas suspensif.

### Section 3e. *Des instituteurs communaux.*

Art. 31. Les instituteurs communaux sont nommés par le conseil municipal de chaque commune, et choisis, soit sur une liste d'admissibilité et d'avancement dressée par le conseil académique du département, soit sur la présentation qui est faite par les supérieurs pour les membres des associations religieuses vouées à l'enseignement et autorisées par la loi ou reconnues comme établissements d'utilité publique.

Les consistoires jouissent du droit de présentation pour les instituteurs appartenant aux cultes non catholiques.

Si le conseil municipal avait fait un choix non conforme à la loi, ou n'en avait fait aucun, il sera pourvu à la nomination par le conseil académique, un mois après la mise en demeure adressée au maire par le recteur.

L'institution est donnée par le ministre de l'instruction publique.

Art. 32. Il est interdit aux instituteurs communaux d'exercer aucune fonction administrative sans l'autorisation du conseil académique.

Toute profession commerciale ou industrielle leur est absolument interdite.

Art. 33. Le recteur peut, suivant les cas, réprimander, suspendre, avec ou sans privation totale ou partielle de traitement, pour un temps qui n'excédera pas six mois, ou révoquer l'instituteur communal.

L'instituteur révoqué est incapable d'exercer la profession d'instituteur, soit public, soit libre, dans la même commune.

Le conseil académique peut, après l'avoir entendu ou dûment appelé, frapper l'instituteur communal d'une interdiction absolue, sauf appel devant le conseil supérieur de l'instruction publique dans le délai de dix jours, à partir de la notification de la décision. Cet appel n'est pas suspensif.

En cas d'urgence, le maire peut suspendre provisoirement l'instituteur communal, à charge de rendre compte, dans les deux jours, au recteur.

Art. 34. Le conseil académique détermine les écoles publiques auxquelles, d'après le nombre des élèves, il doit être attaché un instituteur adjoint.

Les instituteurs adjoints peuvent n'être âgés que de dix-huit ans, et ne sont pas assujettis aux conditions de l'art. 25.

Ils sont nommés et révocables par l'instituteur, avec l'agrément du recteur de l'académie. Les instituteurs adjoints appartenant aux associations religieuses dont il est parlé dans l'art. 31 sont nommés et peuvent être révoqués par les supérieurs de ces associations.

Le conseil municipal fixe le traitement des instituteurs adjoints. Ce traitement est à la charge exclusive de la commune.

Art. 35. Tout département est tenu de pourvoir au recrutement des instituteurs communaux, en entretenant des élèves-maîtres, soit dans les établissements d'instruction primaire désignés par le conseil académique, soit aussi dans l'école normale établie à cet effet par le département.

Les écoles normales peuvent être supprimées par le conseil général du département; elles peuvent l'être également par le ministre, en conseil supérieur, sur le rapport du conseil académique, sauf, dans les deux cas, le droit acquis aux boursiers en jouissance de leur bourse.

Le programme de l'enseignement, les conditions d'entrée et de sortie, celles qui sont relatives à la nomination du personnel, et tout ce qui concerne les écoles normales sera déterminé par un règlement délibéré en conseil supérieur.

CHAP. III. — *Des écoles communales.*

Art. 36. Toute commune doit entretenir une ou plusieurs écoles primaires.

Le conseil académique du département peut autoriser une commune à se réunir à une ou plusieurs communes voisines pour l'entretien d'une école.

Toute commune a la faculté d'entretenir une ou plusieurs écoles entièrement gratuites, à la condition d'y subvenir sur ses propres ressources.

Le conseil académique peut dispenser une commune d'entretenir une école publique, à condition qu'elle pourvoira à l'enseignement primaire gratuit, dans une école libre, de tous les enfants dont les familles sont hors d'état d'y subvenir. Cette dispense peut toujours être retirée.

Dans les communes où les différents cultes reconnus sont professés publiquement, des écoles séparées seront établies pour les enfants appartenant à chacun de ces cultes, sauf ce qui est dit à l'art. 15.

La commune peut, avec l'autorisation du conseil académique, exiger que l'instituteur communal donne, en tout ou en partie, à son enseignement les développements dont il est parlé à l'art. 23.

Art. 37. Toute commune doit fournir à l'instituteur un local convenable, tant pour son habitation que pour la tenue de l'école, le mobilier de classe et un traitement.

Art. 38. A dater du 1er janvier 1851, le traitement des instituteurs communaux se composera :

1° D'un traitement fixe qui ne peut être inférieur à 200 fr.;

2° Du produit de la rétribution scolaire;

3° D'un supplément accordé à tous ceux dont le traitement, joint au produit de la rétribution scolaire, n'atteint pas 600 fr.

Ce supplément sera calculé d'après le total de la rétribution scolaire pendant l'année précédente.

Art. 39. Une caisse de retraite sera substituée par un règlement d'administration publique aux caisses d'épargne des instituteurs.

Art. 40. A défaut de fondations, dons ou legs, le conseil municipal délibère sur les moyens de pourvoir aux dépenses de l'enseignement primaire dans la commune.

En cas d'insuffisance des revenus ordinaires, il est pourvu à ces dépenses au moyen d'une imposition spéciale votée par le conseil municipal, ou, à défaut du vote de ce conseil, établie par un décret du pouvoir exécutif. Cette imposition, qui devra être autorisée chaque année par la loi de finances, ne pourra excéder trois centimes additionnels au principal des quatre contributions directes.

Lorsque des communes, soit par elles-mêmes, soit en se réunissant à d'autres communes, n'auront pu subvenir, de la manière qui vient d'être indiquée, aux dépenses de l'école communale, il y sera pourvu sur les ressources ordinaires du département, ou, en cas d'insuffisance, au moyen d'une imposition spéciale votée par le conseil général, ou, à défaut du vote de ce conseil, établie par un décret. Cette imposition, autorisée chaque année par la loi de finances, ne devra pas excéder deux centimes additionnels au principal des quatre contributions directes.

Si les ressources communales et départementales ne suffisent pas, le ministre de l'instruction publique accordera une subvention sur le crédit qui sera porté annuellement pour l'enseignement primaire au budget de l'État.

Chaque année, un rapport, annexé au projet de budget, fera connaître l'emploi des fonds alloués pour l'année précédente.

Art. 41. La rétribution scolaire est perçue dans la même forme que les contributions publiques directes; elle est exempte des droits de timbre, et donne droit aux mêmes remises que les autres recouvrements.

Néanmoins, sur l'avis conforme du conseil général, l'instituteur communal pourra être autorisé par le conseil académique à percevoir lui-même la rétribution scolaire.

## CHAP. IV. — *Des délégués cantonaux, et des autres autorités préposées à l'enseignement primaire.*

Art. 42. Le conseil académique du département désigne un ou plusieurs délégués résidant dans chaque canton, pour surveiller les écoles publiques et libres du canton, et détermine les écoles particulièrement soumises à la surveillance de chacun.

Les délégués sont nommés pour trois ans ; ils sont rééligibles et révocables. Chaque délégué correspond, tant avec le conseil académique, auquel il doit adresser ses rapports, qu'avec les autorités locales pour tout ce qui regarde l'état et les besoins de l'enseignement primaire dans sa circonscription.

Il peut, lorsqu'il n'est pas membre du conseil académique, assister à ses séances avec voix consultative pour les affaires intéressant les écoles de sa circonscription.

Les délégués se réunissent au moins une fois tous les trois mois au chef-lieu de canton, sous la présidence de celui d'entre eux qu'ils désignent, pour convenir des avis à transmettre au conseil académique.

Art. 43. A Paris, les délégués nommés pour chaque arrondissement par le conseil académique se réunissent au moins une fois tous les mois, avec le maire, un adjoint, le juge de paix, un curé de l'arrondissement et un ecclésiastique, ces deux derniers désignés par l'archevêque, pour s'entendre au sujet de la surveillance locale et pour convenir des avis à transmettre au conseil académique. Les ministres des cultes non catholiques reconnus, s'il y a dans l'arrondissement des écoles suivies par des enfants appartenant à ces cultes, assistent à ces réunions avec voix délibérative.

La réunion est présidée par le maire.

Art. 44. Les autorités locales préposées à la surveillance et à la direction morale de l'enseignement primaire sont, pour chaque école, le maire, le curé, le pasteur ou le délégué du culte israélite, et, dans les communes de deux mille âmes et au-dessus, un ou plusieurs habitants de la commune délégués par le conseil académique.

Les ministres des différents cultes sont spécialement chargés de surveiller l'enseignement religieux de l'école.

L'entrée de l'école leur est toujours ouverte.

Dans les communes où il existe des écoles mixtes, un ministre de chaque culte aura toujours l'entrée de l'école pour veiller à l'éducation religieuse des enfants de son culte.

Lorsqu'il y a pour chaque culte des écoles séparées, les enfants d'un culte ne doivent être admis dans l'école d'un autre culte que sur la volonté formellement exprimée par les parents.

Art. 45. Le maire dresse chaque année, de concert avec les ministres des différents cultes, la liste des enfants qui doivent être admis gratuitement dans les écoles publiques. Cette liste est approuvée par le conseil municipal, et définitivement arrêtée par le préfet.

Art. 46. Chaque année, le conseil académique nomme une commission d'examen chargée de juger publiquement, et à des époques déterminées par le recteur, l'aptitude des aspirants au brevet de capacité, quel que soit le lieu de leur domicile.

Cette commission se compose de sept membres, et choisit son président.

Un inspecteur d'arrondissement pour l'instruction primaire, un ministre du culte professé par le candidat, et deux membres de l'enseignement public ou libre, en font nécessairement partie.

L'examen ne portera que sur les matières comprises dans la première partie de l'art. 23.

Les candidats qui voudront être examinés sur tout ou partie des autres matières spécifiées dans le même article en feront la demande à la commission. Les brevets délivrés feront mention des matières spéciales sur lesquelles les candidats auront répondu d'une manière satisfaisante.

Art. 47. Le conseil académique délivre, s'il y a lieu, des certificats de stage aux personnes qui justifient avoir enseigné pendant trois ans au moins les matières comprises dans la première partie de l'art. 23, dans les écoles publiques ou libres autorisées à recevoir des stagiaires.

Les élèves-maîtres sont, pendant la durée de leur stage, spécialement surveillés par les inspecteurs de l'enseignement primaire.

## CHAP. V. — *Des écoles de filles.*

Art. 48. L'enseignement primaire dans les écoles de filles comprend, outre les matières de l'enseignement primaire énoncées dans l'art. 23, les travaux à l'aiguille.

Art. 49. Les lettres d'obédience tiendront lieu de brevet de capacité aux institutrices appartenant à des congrégations religieuses vouées à l'enseignement et reconnues par l'État.

L'examen des institutrices n'aura pas lieu publiquement.

Art. 50. Tout ce qui se rapporte à l'examen des institutrices, à la surveillance et à l'inspection des écoles de filles, sera l'objet d'un règlement délibéré en conseil supérieur. Les autres dispositions de la présente loi relatives aux écoles et aux instituteurs sont applicables aux écoles de filles et aux institutrices, à l'exception des art. 38, 39, 40 et 41.

Art. 51. Toute commune de huit cents âmes de population et au-dessus est tenue, si ses propres ressources lui en fournissent les moyens, d'avoir au moins une école de filles, sauf ce qui est dit à l'art. 15.

Le conseil académique peut, en outre, obliger les communes d'une population inférieure à entretenir, si leurs ressources ordinaires le leur permettent, une école de filles; et, en cas de réunion de plusieurs communes pour l'enseignement primaire, il pourra, selon les circonstances, décider que l'école des garçons et l'école des filles seront dans deux communes différentes. Il prend l'avis du conseil municipal.

Art. 52. Aucune école primaire, publique ou libre, ne peut, sans l'autorisation du conseil académique, recevoir d'enfants des deux sexes, s'il existe dans la commune une école publique ou libre de filles.

## Chap. VI. — *Institutions complémentaires.*

### Section 1re. *Des pensionnats primaires.*

Art. 53. Tout Français âgé de vingt-cinq ans, ayant au moins cinq années d'exercice comme instituteur, ou comme maître dans un pensionnat primaire, et remplissant les conditions énumérées en l'art. 25, peut ouvrir un pensionnat primaire, après avoir déclaré son intention au recteur de l'académie et au maire de la commune. Toutefois les instituteurs communaux ne pourront ouvrir de pensionnat qu'avec l'autorisation du conseil académique, sur l'avis du conseil municipal.

Le programme de l'enseignement et le plan du local doivent être adressés au maire et au recteur.

Le conseil académique prescrira, dans l'intérêt de la moralité et de la santé des élèves, toutes les mesures qui seront indiquées dans un règlement délibéré par le conseil supérieur.

Les pensionnats primaires sont soumis aux prescriptions des art. 26, 27, 28, 29 et 30 de la présente loi, et à la surveillance des autorités qu'elle institue.

Ces dispositions sont applicables aux pensionnats de filles, en tout ce qui n'est pas contraire aux conditions prescrites par le chapitre V de la présente loi.

## Section 2ᵉ. *Des écoles d'adultes et d'apprentis.*

Art. 54. Il peut être créé des écoles primaires communales pour les adultes au-dessus de dix-huit ans, pour les apprentis au-dessus de douze ans.

Le conseil académique désigne les instituteurs chargés de diriger les écoles communales d'adultes et d'apprentis.

Il ne peut être reçu dans ces écoles d'élèves des deux sexes.

Art. 55. Les art. 27, 28, 29 et 30 sont applicables aux instituteurs libres qui veulent ouvrir des écoles d'adultes ou d'apprentis.

Art. 56. Il sera ouvert chaque année, au budget du ministre de l'instruction publique, un crédit pour encourager les auteurs de livres ou de méthodes utiles à l'instruction primaire et à la fondation d'institutions telles que :

Les écoles du dimanche;

Les écoles dans les ateliers et les manufactures;

Les classes dans les hôpitaux;

Les cours publics ouverts conformément à l'art. 77;

Les bibliothèques de livres utiles;

Et autres institutions dont les statuts auront été soumis à l'examen de l'autorité compétente.

## Section 3ᵉ. *Des salles d'asile.*

Art. 57. Les salles d'asile sont publiques ou libres.

Un décret du président de la république, rendu sur l'avis du conseil supérieur, déterminera tout ce qui se rapporte à la surveillance et à l'inspection de ces établissements, ainsi qu'aux conditions d'âge, d'aptitude, de moralité, des personnes qui seront chargées de la direction et du service dans les salles d'asile publiques.

Les infractions à ce décret seront punies des peines établies par les art. 29, 30 et 33 de la présente loi.

Ce décret déterminera également le programme de l'enseignement et des exercices dans les salles d'asile publiques, et tout ce qui se rapporte au traitement des personnes qui y seront chargées de la direction ou du service.

2.

Art. 58. Les personnes chargées de la direction des salles d'asile publiques seront nommées par le conseil municipal, sauf l'approbation du conseil académique.

Art. 59. Les salles d'asile libres peuvent recevoir des secours sur les budgets des communes, des départements et de l'État.

## TITRE III.

## DE L'INSTRUCTION SECONDAIRE.

### CHAP. Ier. — *Des établissements particuliers d'instruction secondaire.*

Art. 60. Tout Français âgé de vingt-cinq ans au moins, et n'ayant encouru aucune des incapacités comprises dans l'art. 26 de la présente loi, peut former un établissement d'instruction secondaire, sous la condition de faire au recteur de l'académie où il se propose de s'établir les déclarations prescrites par l'art. 27, et en outre de déposer entre ses mains les pièces suivantes, dont il lui sera donné récépissé :

1° Un certificat de stage constatant qu'il a rempli, pendant cinq ans au moins, les fonctions de professeur ou de surveillant dans un établissement d'instruction secondaire public ou libre;

2° Soit le diplôme de bachelier, soit un brevet de capacité délivré par un jury d'examen dans la forme déterminée par l'article 62;

3° Le plan du local, et l'indication de l'objet de l'enseignement.

Le recteur à qui le dépôt des pièces aura été fait en donnera avis au préfet du département et au procureur de la république de l'arrondissement dans lequel l'établissement devra être fondé.

Le ministre, sur la proposition des conseils académiques et l'avis conforme du conseil supérieur, peut accorder des dispenses de stage.

Art. 61. Les certificats de stage sont délivrés par le conseil académique, sur l'attestation des chefs des établissements où le stage aura été accompli.

Toute attestation fausse sera punie des peines portées en l'art. 160 du Code pénal[1].

1. La peine est un emprisonnement de deux à cinq ans. (*Art. 160 du Code pénal.*)

Art. 62. Tous les ans, le ministre nomme, sur la présentation du conseil académique, un jury chargé d'examiner les aspirants au brevet de capacité. Ce jury est composé de sept membres, y compris le recteur, qui le préside.

Un ministre du culte professé par le candidat et pris dans le conseil académique s'il n'y en a déjà un dans le jury, sera appelé avec voix délibérative.

Le ministre, sur l'avis du conseil supérieur de l'instruction publique, instituera des jurys spéciaux pour l'enseignement professionnel.

Les programmes d'examen seront arrêtés par le conseil supérieur.

Nul ne pourra être admis à subir l'examen de capacité avant l'âge de vingt-cinq ans.

Art. 63. Aucun certificat d'études ne sera exigé des aspirants au diplôme de bachelier ou au brevet de capacité.

Le candidat peut choisir la faculté ou le jury académique devant lequel il subira son examen.

Un candidat refusé ne peut se présenter avant trois mois à un nouvel examen, sous peine de nullité du diplôme ou brevet indûment obtenu.

Art. 64. Pendant le mois qui suit le dépôt des pièces requises par l'art. 60, le recteur, le préfet et le procureur de la république peuvent se pourvoir devant le conseil académique et s'opposer à l'ouverture de l'établissement, dans l'intérêt des mœurs publiques ou de la santé des élèves.

Après ce délai, s'il n'est intervenu aucune opposition, l'établissement peut être immédiatement ouvert.

En cas d'opposition, le conseil académique prononce, la partie entendue ou dûment appelée, sauf appel devant le conseil supérieur de l'instruction publique.

Art. 65. Est incapable de tenir un établissement public ou libre d'instruction secondaire, ou d'y être employé, quiconque est atteint de l'une des incapacités déterminées par l'art. 26 de la présente loi, ou qui, ayant appartenu à l'enseignement public, a été révoqué avec interdiction, conformément à l'art. 14.

Art. 66. Quiconque, sans avoir satisfait aux conditions prescrites par la loi, aura ouvert un établissement d'instruction secondaire sera poursuivi devant le tribunal correctionnel du lieu du délit et condamné à une amende de 100 fr. à 1,000 fr. L'établissement sera fermé.

En cas de récidive, ou si l'établissement a été ouvert avant qu'il ait été statué sur l'opposition, ou contrairement à la décision du conseil académique qui l'aurait accueillie, le délinquant sera condamné à un emprisonnement de quinze jours à un mois et à une amende de 1,000 fr. à 3,000 fr.

Les ministres des différents cultes reconnus peuvent donner l'instruction secondaire à quatre jeunes gens au plus, destinés aux écoles ecclésiastiques, sans être soumis aux prescriptions de la présente loi, à la condition d'en faire la déclaration au recteur.

Le conseil académique veille à ce que ce nombre ne soit pas dépassé.

Art. 67. En cas de désordre grave dans le régime intérieur d'un établissement libre d'instruction secondaire, le chef de cet établissement peut être appelé devant le conseil académique et soumis à la réprimande avec ou sans publicité.

La réprimande ne donne lieu à aucun recours.

Art. 68. Tout chef d'établissement libre d'instruction secondaire, toute personne attachée à l'enseignement ou à la surveillance d'une maison d'éducation, peut, sur la plainte du ministère public ou du recteur, être traduit, pour cause d'inconduite ou d'immoralité, devant le conseil académique, et être interdit de sa profession, à temps ou à toujours, sans préjudice des peines encourues pour crimes ou délits prévus par le Code pénal.

Appel de la décision rendue peut toujours avoir lieu, dans les quinze jours de la notification, devant le conseil supérieur.

L'appel ne sera pas suspensif.

Art. 69. Les établissements libres peuvent obtenir des communes, des départements ou de l'État, un local et une subvention, sans que cette subvention puisse excéder le dixième des dépenses annuelles de l'établissement.

Les conseils académiques sont appelés à donner leur avis préalable sur l'opportunité de ces subventions.

Sur la demande des communes, les bâtiments compris dans l'attribution générale faite à l'Université par le décret du 10 décembre 1808 pourront être affectés à ces établissements par décret du pouvoir exécutif.

Art. 70. Les écoles secondaires ecclésiastiques actuellement existantes sont maintenues, sous la seule condition de rester soumises à la surveillance de l'État.

Il ne pourra en être établi de nouvelles sans l'autorisation du Gouvernement.

## Chap. II. — *Des établissements publics d'instruction secondaire.*

Art. 71. Les établissements publics d'instruction secondaire sont les lycées et les colléges communaux.

Il peut y être annexé des pensionnats.

Art. 72. Les lycées sont fondés et entretenus par l'État, avec le concours des départements et des villes.

Les colléges communaux sont fondés et entretenus par les communes.

Ils peuvent être subventionnés par l'État.

Art. 73. Toute ville dont le collége communal sera, sur la demande du conseil municipal, érigé en lycée, devra faire les dépenses de construction et d'appropriation requises à cet effet, fournir le mobilier et les collections nécessaires à l'enseignement, assurer l'entretien et la réparation des bâtiments.

Les villes qui voudront établir un pensionnat près du lycée devront fournir le local et le mobilier nécessaires, et fonder pour dix ans, avec ou sans le concours du département, un nombre de bourses fixé de gré à gré avec le ministre. A l'expiration des dix ans, les villes et les départements seront libres de supprimer les bourses, sauf le droit acquis aux boursiers en jouissance de leur bourse.

Dans le cas où l'État voudrait conserver le pensionnat, le local et le mobilier resteront à sa disposition, et ne feront retour à la commune que lors de la suppression de cet établissement.

Art. 74. Pour établir un collége communal, toute ville doit satisfaire aux conditions suivantes : fournir un local approprié à cet usage, et en assurer l'entretien ; placer et entretenir dans ce local le mobilier nécessaire à la tenue des cours, et à celle du pensionnat, si l'établissement doit recevoir des élèves internes ; garantir, pour cinq ans au moins, le traitement fixe du principal et des professeurs, lequel sera considéré comme dépense obligatoire pour la commune, en cas d'insuffisance des revenus propres du collége, de la rétribution collégiale payée par les externes et des produits du pensionnat.

Dans le délai de deux ans, les villes qui ont fondé des colléges communaux en dehors de ces conditions devront y avoir satisfait.

Art. 75. L'objet et l'étendue de l'enseignement dans chaque collége communal seront déterminés, eu égard aux besoins de la localité, par le ministre de l'instruction publique, en conseil supérieur, sur la proposition du conseil municipal et l'avis du conseil académique.

Art. 76. Le ministre prononce disciplinairement contre les membres de l'instruction secondaire publique, suivant la gravité des cas :

1° La réprimande devant le conseil académique;

2° La censure devant le conseil supérieur;

3° La mutation pour un emploi inférieur;

4° La suspension des fonctions, pour une année au plus, avec ou sans privation totale ou partielle du traitement;

5° Le retrait d'emploi, après avoir pris l'avis du conseil supérieur ou de la section permanente.

Le ministre peut prononcer les mêmes peines, à l'exception de la mutation pour un emploi inférieur, contre les professeurs de l'enseignement supérieur.

Le retrait d'emploi ne peut être prononcé contre eux que sur l'avis conforme du conseil supérieur.

La révocation aura lieu dans les formes prévues par l'art. 14.

## TITRE IV.

### DISPOSITIONS GÉNÉRALES.

Art. 77. Les dispositions de la présente loi concernant les écoles primaires ou secondaires sont applicables aux cours publics sur les matières de l'enseignement primaire et secondaire.

Les conseils académiques peuvent, selon les degrés de l'enseignement, dispenser ces cours de l'application des dispositions qui précèdent, et spécialement de l'application du dernier paragraphe de l'art. 54.

Art. 78. Les étrangers peuvent être autorisés à ouvrir ou diriger des établissements d'instruction primaire ou secondaire, aux conditions déterminées par un règlement délibéré en conseil supérieur.

Art. 79. Les instituteurs adjoints des écoles publiques, les jeunes gens qui se préparent à l'enseignement primaire public dans les écoles désignées à cet effet, les membres ou novices des associations religieuses vouées à l'enseignement et autorisées par la loi ou reconnues comme établissements d'utilité publique, les élèves de l'école normale supérieure, les maîtres d'étude, régents et professeurs des colléges et lycées, sont dispensés du service militaire, s'ils ont, avant l'époque fixée pour le tirage, contracté devant le recteur l'engagement de se vouer pendant dix ans à l'enseignement public, et s'ils réalisent cet engagement.

Art. 80. L'art. 463 du Code pénal[1] pourra être appliqué aux délits prévus par la présente loi.

Art. 81. Un règlement d'administration publique déterminera les dispositions de la présente loi qui seront applicables à l'Algérie.

Art. 82. Sont abrogées toutes les dispositions des lois, décrets ou ordonnances contraires à la présente loi.

## DISPOSITIONS TRANSITOIRES.

Art. 83. Les chefs ou directeurs d'établissements d'instruction secondaire ou primaire libres, maintenant en exercice, continueront d'exercer leur profession, sans être soumis aux prescriptions des art. 53 et 60.

Ceux qui en ont interrompu l'exercice pourront le reprendre, sans être soumis à la condition du stage.

Le temps passé par les professeurs et les surveillants dans ces établissements leur sera compté pour l'accomplissement du stage prescrit par ledit article.

1. Dans tous les cas où la peine de l'emprisonnement et celle de l'amende sont prononcées par le Code pénal, si les circonstances paraissent atténuantes, les tribunaux correctionnels sont autorisés, même en cas de récidive, à réduire l'emprisonnement, même au-dessous de six jours, et l'amende, même au-dessous de 16 fr.; ils peuvent aussi prononcer séparément l'une ou l'autre de ces peines et même substituer l'amende à l'emprisonnement, sans qu'en aucun cas elle puisse être au-dessous des peines de simple police. (*Code pénal, art.* 463, § 8.)

Art. 84. La présente loi ne sera exécutoire qu'à dater du 1er septembre 1850.

Les autorités actuelles continueront d'exercer leurs fonctions jusqu'à cette époque.

Néanmoins, le conseil supérieur pourra être constitué, et il pourra être convoqué par le ministre avant le 1er septembre 1850, et, dans ce cas, les art. 1, 2, 3, 4, l'art. 5, à l'exception de l'avant-dernier paragraphe, les art. 6 et 76 de la présente loi deviendront immédiatement applicables.

La loi du 11 janvier 1850 est prorogée jusqu'au 1er septembre 1850.

Dans le cas où le conseil supérieur aurait été constitué avant cette époque, l'appel des instituteurs révoqués sera jugé par le ministre de l'instruction publique, en section permanente du conseil supérieur.

Art. 85. Jusqu'à la promulgation de la loi sur l'enseignement supérieur, le conseil supérieur de l'instruction publique et sa section permanente, selon leur compétence respective, exerceront, à l'égard de cet enseignement, les attributions qui appartenaient au conseil de l'Université, et les nouveaux conseils académiques, les attributions qui appartenaient aux anciens.

Délibéré en séance publique à Paris, les 19 janvier, 26 février et 15 mars 1850.

*Le président et les secrétaires,*

BEDEAU (le général), ARNAUD (de l'Ariége),
LACAZE, PEUPIN, CHAPOT, BÉRARD.

La présente loi sera promulguée et scellée du sceau de l'État.

*Le président de la république,*

LOUIS-NAPOLÉON BONAPARTE.

*Le garde des sceaux, ministre de la justice,*

E. ROUHER.

# DÉCRET ORGANIQUE

# SUR L'INSTRUCTION PUBLIQUE[1].

## (9 Mars 1852.)

LOUIS-NAPOLÉON, Président de la république française,

Considérant que, en attendant qu'il soit pourvu par une loi à la réorganisation de l'enseignement public, il importe d'appliquer, dès aujourd'hui, des principes propres à rétablir l'ordre et la hiérarchie dans le corps enseignant,

Sur le rapport du ministre de l'instruction publique et des cultes,

Décrète :

### CHAP. Ier. — *De l'autorité supérieure de l'enseignement public.*

Art. 1er. Le président de la république, sur la proposition du ministre de l'instruction publique, nomme et révoque les membres du conseil supérieur, les inspecteurs généraux, les recteurs, les professeurs des facultés, du collége de France, du muséum d'histoire naturelle, de l'école des langues orientales vivantes, les membres du bureau des longitudes et de l'observatoire de Paris et de Marseille, les administrateurs et conservateurs des bibliothèques publiques.

Art. 2. Quand il s'agit de pourvoir à la nomination d'un professeur titulaire dans une faculté, le ministre propose au président de la république un candidat choisi, soit parmi les docteurs âgés de trente ans au moins, soit sur une double liste de présentation qui est nécessairement demandée à la faculté où la vacance se produit et au conseil académique.

1. Aux termes de l'art. 58 de la Constitution du 14 janvier 1852, ce décret a force de loi et abroge ainsi les dispositions de la loi du 15 mars 1850, qui lui sont contraires.

Le même mode de nomination est suivi dans les facultés des lettres, des sciences, de droit, de médecine, et dans les écoles supérieures de pharmacie.

En cas de vacance d'une chaire au collége de France, au muséum d'histoire naturelle, à l'école des langues orientales vivantes, ou d'une place au bureau des longitudes, à l'observatoire de Paris et de Marseille, les professeurs ou membres de ces établissements présentent deux candidats, la classe correspondante de l'Institut en présente également deux. Le ministre peut, en outre, proposer au choix du président de la république un candidat désigné par ses travaux.

Art. 3. Le ministre, par délégation du président de la république, nomme et révoque les professeurs de l'école nationale des chartes, les inspecteurs d'académie, les membres des conseils académiques qui procédaient précédemment de l'élection, les fonctionnaires et professeurs des écoles préparatoires de médecine et de pharmacie, les fonctionnaires et professeurs de l'enseignement secondaire public, les inspecteurs primaires, les employés des bibliothèques publiques, et généralement toutes les personnes attachées à des établissements d'instruction publique appartenant à l'État.

Il prononce directement et sans recours contre les membres de l'enseignement secondaire public :

La réprimande devant le conseil académique,

La censure devant le conseil supérieur,

La mutation,

La suspension des fonctions avec ou sans privation totale ou partielle de traitement,

La révocation.

Il peut prononcer les mêmes peines contre les membres de l'enseignement supérieur, à l'exception de la révocation, qui est prononcée, sur sa proposition, par un décret du président de la république.

Art. 4. Les recteurs, par délégation du ministre, nomment les instituteurs communaux, les conseils municipaux entendus, d'après le mode prescrit par les deux premiers paragraphes de l'art. 31 de la loi du 15 mars 1850.

## CHAP. II. — *Du conseil supérieur de l'instruction publique.*

Art. 5. Le conseil supérieur se compose :
De trois membres du sénat,
De trois membres du conseil d'État,
De cinq archevêques ou évêques,
De trois membres des cultes non catholiques,
De trois membres de la cour de cassation,
De cinq membres de l'Institut,
De huit inspecteurs généraux,
De deux membres de l'enseignement libre.

Les membres du conseil supérieur sont nommés pour un an.

Le ministre préside le conseil et détermine l'ouverture des sessions, qui auront lieu au moins deux fois par an.

## CHAP. III. — *Des inspecteurs généraux de l'instruction publique.*

Art. 6. Huit inspecteurs généraux de l'enseignement supérieur,
Trois pour les lettres,
Trois pour les sciences,
Un pour le droit,
Un pour la médecine,
sont chargés, sous l'autorité du ministre, de l'inspection des facultés, des écoles supérieures de pharmacie, des écoles préparatoires de médecine et de pharmacie, et des établissements scientifiques et littéraires ressortissant au ministère de l'instruction publique.

Ils peuvent être chargés de missions extraordinaires dans les lycées nationaux et dans les établissements d'instruction secondaire libres.

Six inspecteurs généraux de l'enseignement secondaire,
Trois pour les lettres,
Trois pour les sciences,
sont chargés, sous l'autorité du ministre, de l'inspection des lycées nationaux, des colléges communaux les plus importants, et des établissements d'instruction secondaire libres.

Deux inspecteurs généraux de l'enseignement primaire sont chargés des mêmes attributions en ce qui concerne l'instruction de ce degré.

Le ministre peut appeler au conseil supérieur, pour les questions spéciales, avec voix consultative, des inspecteurs généraux qui n'auraient pas été désignés pour en faire partie.

## CHAP. IV. — *Dispositions particulières.*

Art. 7. Un nouveau plan d'études sera discuté par le conseil supérieur dans sa prochaine session.

Art. 8. En cas d'urgence, les recteurs peuvent, par mesure administrative, suspendre un professeur de l'enseignement public secondaire ou supérieur, à la charge d'en rendre compte immédiatement au ministre, qui maintient ou lève la suspension.

Art. 9. Les professeurs, les gens de lettres, les savants et les artistes dépendant du ministère de l'instruction publique, ne peuvent cumuler que deux fonctions rétribuées sur les fonds du trésor public.

Le montant des traitements cumulés, tant fixes qu'éventuels, pourra s'élever à 20,000 fr.

Art. 10. A l'avenir, la liquidation des pensions de retraite des fonctionnaires de l'instruction publique n'aura lieu qu'après avis de la section des finances du conseil d'État.

Art. 11. Sont maintenues les dispositions de la loi du 15 mars 1850 qui ne sont pas contraires au présent décret.

Art. 12. Le ministre de l'instruction publique et des cultes est chargé de l'exécution du présent décret, qui sera inséré au *Bulletin des lois*.

Fait au palais des Tuileries, le 9 mars 1852.

LOUIS-NAPOLÉON.

Par le prince président :

*Le ministre de l'instruction publique et des cultes*,

H. FORTOUL.

# LOI

## SUR L'INSTRUCTION PUBLIQUE.

(14 Juin 1854.)

NAPOLÉON, par la grâce de Dieu et la volonté nationale, empereur des Français, à tous présents et à venir, salut :

Avons sanctionné et sanctionnons, promulgué et promulguons ce qui suit :

LOI.

*Extrait du procès-verbal du Corps législatif.*

Le Corps législatif a adopté le projet de loi dont la teneur suit :

### TITRE Ier.

### DE L'ADMINISTRATION DE L'INSTRUCTION PUBLIQUE.

Art. 1er. La France est divisée en seize circonscriptions académiques, dont les chefs-lieux sont : Aix, Besançon, Bordeaux, Caen, Clermont, Dijon, Douai, Grenoble, Lyon, Montpellier, Nancy, Paris, Poitiers, Rennes, Strasbourg, Toulouse.

Art. 2. Chacune des académies est administrée par un recteur, assisté d'autant d'inspecteurs d'académie qu'il y a de départements dans la circonscription.

Un décret déterminera le nombre des inspecteurs d'académie du département de la Seine.

Art. 3. Il y a au chef-lieu de chaque académie un conseil académique, composé :

1° Du recteur, président,

2° Des inspecteurs de la circonscription;

3.

3° Des doyens des facultés ;

4° De sept membres, choisis, tous les trois ans, par le ministre de l'instruction publique,

Un parmi les archevêques ou évêques de la circonscription ;

Deux parmi les membres du clergé catholique ou parmi les ministres des cultes non catholiques reconnus ;

Deux dans la magistrature ;

Deux parmi les fonctionnaires publics ou autres personnes notables de la circonscription.

Art. 4. Le conseil académique veille au maintien des méthodes d'enseignement prescrites par le ministre, en conseil impérial de l'instruction publique, et qui doivent être suivies dans les écoles publiques d'instruction primaire, secondaire ou supérieure du ressort.

Il donne son avis sur les questions d'administration, de finance ou de discipline, qui intéressent les colléges communaux, les lycées et les établissements d'enseignement supérieur.

Art. 5. Il y a au chef-lieu de chaque département un conseil départemental de l'instruction publique, composé :

1° Du préfet, président ;

2° De l'inspecteur d'académie ;

3° D'un inspecteur de l'instruction primaire désigné par le ministre ;

4° Des membres que les paragraphes 5, 6, 7, 8, 9, 10 et 11 de l'article 10 de la loi du 15 mars 1850 appelaient à siéger dans les anciens conseils, et dont le mode de désignation demeure réglé conformément à ladite loi et à l'article 3 du décret du 9 mars 1852.

Art. 6. Pour le département de la Seine, le conseil départemental de l'instruction publique se compose :

1° Du préfet, président ;

2° Du recteur de l'académie de Paris, vice-président ;

3° De deux des inspecteurs d'académie attachés au département de la Seine ;

4° De deux inspecteurs de l'instruction primaire dudit département ;

5° Des membres que les paragraphes 4, 5, 6, 7, 8, 11, 12,

13, 14 et 15 de l'article 11 de la loi du 15 mars 1850 appelaient à faire partie de l'ancien conseil académique de la Seine, et dont le mode de désignation demeure réglé conformément à ladite loi et à l'article 3 du décret du 9 mars 1852.

Art. 7. Le conseil départemental de l'instruction publique exerce, en ce qui concerne les affaires de l'instruction primaire et les affaires disciplinaires et contentieuses relatives aux établissements particuliers d'instruction secondaire, les attributions déférées au conseil académique par la loi du 15 mars 1850.

Les appels de ses décisions, dans les matières qui intéressent la liberté d'enseignement, sont portés directement devant le conseil impérial de l'instruction publique, en conformité des dispositions de ladite loi.

Art. 8. Le préfet exerce, sous l'autorité du ministre de l'instruction publique, et sur le rapport de l'inspecteur d'académie, les attributions déférées au recteur par la loi du 15 mars 1850 et par le décret organique du 9 mars 1852, en ce qui concerne l'instruction primaire publique ou libre.

Art. 9. Sous l'autorité du préfet, l'inspecteur d'académie instruit les affaires relatives à l'enseignement primaire du département.

Sous l'autorité du recteur, il dirige l'administration des colléges et lycées, et exerce, en ce qui concerne l'enseignement secondaire libre, les attributions déférées au recteur par la loi du 15 mars 1850.

Art. 10. Le local de l'académie, le mobilier du conseil académique et des bureaux du recteur, sont fournis par la ville chef-lieu.

Le local et le mobilier nécessaires à la réunion du conseil départemental, et les bureaux de l'inspecteur d'académie, ainsi que les frais de bureau, sont à la charge du département.

Ces dépenses sont obligatoires.

Art. 11. Un décret, rendu en la forme des règlements d'administration publique, déterminera les circonscriptions des académies, ainsi que tout ce qui concerne la réunion et la tenue des conseils académiques et départementaux.

Art. 12. Les dispositions du présent titre sont exécutoires à partir du 1er septembre 1854.

## TITRE II.

### DISPOSITIONS SPÉCIALES AUX ÉTABLISSEMENTS D'ENSEIGNEMENT SUPÉRIEUR.

Art. 13. A partir du 1er janvier 1855, les établissements d'enseignement supérieur chargés de la collation des grades formeront un service spécial subventionné par l'État; le budget de ce service spécial sera annexé à celui du ministère de l'instruction publique et des cultes; le compte des recettes et des dépenses sera annexé à la loi des comptes, conformément à l'article 17 de la loi du 9 juillet 1836.

Les fonds destinés à acquitter les dépenses régulièrement effectuées, qui n'auraient pu recevoir leur emploi dans le cours de l'exercice, seront reportés, après clôture, sur l'exercice en cours d'exécution; les fonds restés libres seront cumulés avec les ressources du budget nouveau.

Art. 14. Un décret, rendu en la forme des règlements d'administration publique, déterminera le tarif des droits d'inscription, d'examen et de diplôme à percevoir dans les établissements d'enseignement supérieur chargés de la collation des grades.

Un décret, rendu en la même forme, après avis du conseil impérial de l'instruction publique, réglera les conditions d'âge et d'études pour l'admission aux grades, sans qu'il puisse être dérogé à l'article 63 de la loi du 15 mars 1850.

Art. 15. Les dispositions des lois, décrets, ordonnances et règlements contraires à la présente loi sont et demeurent abrogées.

Délibéré en séance publique, à Paris, le 27 mai 1854.

*Le président,*

BILLAULT.

*Les secrétaires,*

JOACHIM MURAT, baron ESCHASSÉRIAUX.

*Extrait du procès-verbal du Sénat.*

Le sénat ne s'oppose pas à la promulgation de la loi sur l'instruction publique.

Délibéré en séance, au palais du Sénat, le 8 juin 1854.

*Le président,*

TROPLONG.

*Les secrétaires,*

F. DE BEAUMONT, AM. THAYER, baron T. DE LACROSSE.

Vu et scellé du sceau du Sénat :

Baron T. DE LACROSSE.

Mandons et ordonnons que les présentes, revêtues du sceau de l'État et insérées au *Bulletin des lois*, soient adressées aux cours, aux tribunaux et aux autorités administratives, pour qu'ils les inscrivent sur leurs registres, les observent et les fassent observer, et notre ministre secrétaire d'État au département de la justice est chargé d'en surveiller la publication.

Fait au palais de Saint-Cloud, le 14 juin 1854.

NAPOLÉON.

Par l'empereur :

*Le ministre d'État,*

ACHILLE FOULD.

# RÈGLEMENTS D'ADMINISTRATION PUBLIQUE.

## Règlement du 29 juillet 1850, relatif aux autorités préposées à l'enseignement.

Le président de la république,

Sur le rapport du ministre de l'instruction publique et des cultes;

Vu le titre Ier, le chap. IV du titre II, les titres III et IV de la loi du 15 mars 1850;

Le conseil d'Etat entendu,

Décrète :

### *DES AUTORITÉS PRÉPOSÉES A L'ENSEIGNEMENT.*

### CHAP. Ier. — *Du conseil supérieur de l'instruction publique.*

Art. 1er. En l'absence du ministre de l'instruction publique, le conseil supérieur est présidé par un vice-président nommé, chaque année, par le président de la république, et choisi parmi les membres de ce conseil.

Art. 2. Le président de la république désigne également, chaque année, un secrétaire choisi parmi les membres du conseil.

Art. 3. Le conseil supérieur tient une session ordinaire par trimestre.

Il est convoqué par arrêté du ministre.

La durée de chacune des sessions, soit ordinaire, soit extraordinaire, est fixée par l'arrêté de convocation. Elle peut être prolongée par un arrêté ultérieur.

Art. 4. Des commissaires peuvent être chargés par le ministre de l'assister dans la discussion des projets de loi, de règlements d'administration publique, de décrets et arrêtés portant règlement permanent, qu'il renvoie à l'examen du conseil supérieur.

Le conseil peut aussi appeler dans son sein les personnes dont l'expérience lui semble devoir être utilement consultée, tant pour la discussion de ces projets que pour ce qui concerne l'état général de l'enseignement.

Il ne peut user de cette faculté à l'égard des fonctionnaires publics que de l'agrément du ministre du département auquel ils appartiennent.

Art. 5. La section permanente est présidée par un de ses membres, désigné chaque année par le ministre.

Art. 6. Les fonctions de membre de la section permanente sont incompatibles avec toute autre fonction administrative rétribuée.

Art. 7. Dans les affaires soumises au conseil supérieur, le rapporteur est nommé par le ministre, ou, sur sa délégation, par le vice-président du conseil supérieur.

Art. 8. En matière contentieuse ou disciplinaire, les affaires sont inscrites au secrétariat du conseil supérieur, d'après l'ordre de leur arrivée, sur un registre à ce destiné.

Elles sont jugées suivant l'ordre de leur inscription et dans la plus prochaine session.

Les rapports sont faits par écrit; ils sont déposés au secrétariat par les rapporteurs, la veille du jour fixé pour la délibération, avec le projet de décision et le dossier, pour être tenus à la disposition de chacun des membres du conseil.

En matière disciplinaire, le rapporteur est tenu d'entendre l'inculpé dans ses explications, s'il est présent et s'il le demande. L'inculpé a également le droit d'être entendu par le conseil.

Art. 9. La présence de la moitié plus un des membres est nécessaire pour la validité des délibérations du conseil supérieur.

En cas de partage, si la matière n'est ni contentieuse ni disciplinaire, la voix du président est prépondérante. Si la matière est contentieuse, il en sera délibéré de nouveau, et les membres qui n'auraient pas assisté à la délibération seront spécialement convoqués; s'il y a, de nouveau, partage dans la deuxième délibération, il sera vidé par la voix prépondérante du président. Si la matière est disciplinaire, l'avis favorable à l'inculpé prévaut.

Art. 10. Les délibérations du conseil supérieur sont signées par le président et par le secrétaire.

Le secrétaire a seul qualité pour en délivrer des ampliations certifiées conformes aux procès-verbaux.

A moins d'une autorisation du ministre, il ne peut être donné communication des procès-verbaux qu'aux membres du conseil supérieur.

Art. 11. Les décrets ou arrêtés qui interviennent sur l'avis du conseil supérieur portent la mention : *Le conseil supérieur de l'instruction publique entendu.*

Les avis du conseil supérieur ne peuvent être publiés qu'avec l'autorisation du ministre.

Art. 12. En matière contentieuse ou disciplinaire, les décisions du conseil sont notifiées par le ministre.

Les parties ont toujours le droit d'en obtenir expédition.

Art. 13. Un règlement délibéré en conseil supérieur déterminera l'ordre intérieur des travaux du conseil.

Un règlement, préparé par la section permanente et arrêté par le ministre, déterminera l'ordre intérieur des travaux de cette section.

## Chap. II. — *De l'administration académique.*

### §1. *Du local affecté à l'administration académique.*

Art. 14. Le local que les départements doivent fournir pour le service de l'administration académique, d'après l'art. 13 de la loi organique du 15 mars 1850, comprend au moins, avec le mobilier nécessaire au service,

Un cabinet pour le recteur ;

Une salle des délibérations pour le conseil académique et pour les examens des candidats au brevet de capacité ;

Un cabinet pour le secrétaire de l'académie ;

Une pièce pour les commis de l'académie et pour les archives.

### § 2. *Des recteurs.*

Art. 15. Les fonctions de recteur sont incompatibles avec tout autre emploi public salarié.

Art. 16. Les recteurs sont nommés par le président de la république.

Ils sont partagés en classes, dont le nombre est déterminé par décret du président de la république.

Les traitements varient suivant les classes.

La classe est attachée à la personne, et non à la résidence.

## § 3. *Des conseils académiques.*

Art. 17. Sur l'invitation du ministre de l'instruction publique, les cours et tribunaux, les conseils généraux et les consistoires israélites procèdent à la nomination des membres qu'ils sont appelés à élire dans les conseils académiques.

Lorsqu'il y a lieu de pourvoir à des nominations nouvelles, les cours et tribunaux et les consistoires israélites, sur l'avis donné par le recteur, procèdent immédiatement au remplacement des membres pris dans leur sein; les conseils généraux pourvoient, dans leur plus prochaine session, au remplacement des membres dont la nomination leur appartient.

Les élections sont faites au scrutin secret et à la majorité absolue.

Le président de la cour ou du tribunal, celui du consistoire et le préfet, selon les cas, adresse le procès-verbal de chaque élection au recteur, qui le communique au conseil académique, lors de sa première réunion.

Il est transcrit sur le registre des délibérations du conseil.

Art. 18. Les membres délégués, en exécution de l'art. 10 de la loi organique, ne peuvent exercer leur délégation qu'en vertu d'une décision spéciale.

Le ministre de l'instruction publique et l'évêque adressent au recteur les décisions par lesquelles ils ont fait choix des membres dont la désignation leur appartient.

Ces décisions sont communiquées au conseil académique, et sont transcrites sur le registre des délibérations de ce conseil.

Art. 19. Lorsque deux archevêques ou évêques ont leur siége dans le même département, tous deux font partie du conseil académique. Dans ce cas, il n'y a pas lieu à la désignation prévue par le sixième alinéa de l'art. 10 de la loi organique.

Art. 20. En l'absence du recteur, le conseil académique est présidé par le préfet.

Le secrétaire du conseil académique est choisi, chaque année, par le ministre, parmi les membres dudit conseil.

A moins d'une autorisation du recteur, les procès-verbaux du conseil académique ne peuvent être communiqués qu'aux membres du conseil.

Art. 21. Les conseils académiques se réunissent au moins deux fois par mois. Ils peuvent être convoqués extraordinairement. Le jour de la réunion est fixé par le président.

Art. 22. Les conseils académiques ne peuvent délibérer sur les affaires intéressant une faculté, qu'autant que le doyen de cette faculté a été expressément convoqué par le président.

Art. 23. En cas de partage, lorsque la matière n'est ni contentieuse ni disciplinaire, la voix du président est prépondérante.

Dans les matières contentieuses et disciplinaires, il est procédé, par le conseil académique, conformément à l'art. 9.

Art. 24. Lorsque l'instruction d'une affaire disciplinaire est renvoyée au conseil académique en vertu du sixième paragraphe [de l'art. 14] de la loi organique, le conseil désigne un rapporteur qui recueille les renseignements et les témoignages, appelle l'inculpé, l'entend s'il se présente, et fait son rapport au jour le plus prochain indiqué par le conseil.

Le conseil peut toujours ordonner un supplément d'instruction.

L'avis du conseil exprime s'il y a lieu de donner suite à l'affaire, et, en cas d'affirmative, quelle peine doit être prononcée.

Art. 25. En matière contentieuse, les réclamations des parties, avec les pièces et mémoires à l'appui, sont déposées au secrétariat de l'académie; il en est donné récépissé.

Ces réclamations reçoivent un numéro d'enregistrement et sont examinées dans l'ordre où elles sont parvenues au secrétariat.

Pour chaque affaire, le conseil désigne un rapporteur, qui fait son rapport à la plus prochaine réunion du conseil.

Art. 26. Lorsque le conseil est appelé à prononcer en matière disciplinaire, un membre désigné par lui est chargé de l'instruction; il recueille les informations et fait son rapport à l'époque fixée par le conseil.

Sur le rapport, le conseil académique déclare d'abord s'il y a lieu à suivre.

En cas d'affirmative, il entend l'inculpé dans ses moyens de défense, et, s'il y a lieu, les témoins.

Art. 27. En matière contentieuse et disciplinaire, la décision du conseil académique est notifiée, dans les huit jours, par les soins du recteur.

Le recteur est tenu d'avertir les parties, s'il y a lieu, qu'elles ont le droit de se pourvoir devant le conseil supérieur dans le délai prescrit par la loi.

Art. 28. Le recours de la partie contre la décision du conseil académique est reçu au secrétariat de l'académie; il en est donné récépissé.

Le recours du recteur est formé par un arrêté qu'il notifie à la partie intéressée. Ampliation de cet arrêté est adressée, avec les pièces de l'affaire, au ministre de l'instruction publique, qui en saisit le conseil supérieur.

Art. 29. Les conseils académiques peuvent appeler dans leur sein les membres de l'enseignement et toutes autres personnes dont l'expérience leur paraîtrait devoir être utilement consultée.

Les fonctionnaires de l'instruction publique ne peuvent être appelés que de l'agrément du recteur.

Les personnes ainsi appelées par les conseils académiques n'ont pas voix délibérative.

## § 4. *Des secrétaires d'académie.*

Art. 30. Les secrétaires d'académie sont partagés en classes, dont le nombre est déterminé par décret du président de la république.

Les traitements varient suivant les classes.

La classe est attachée à la personne, et non à la résidence.

Art. 31. Le fonctionnaire appelé pour la première fois à l'emploi de secrétaire d'académie est nécessairement de la dernière classe.

Nul ne peut être promu à une classe supérieure sans avoir passé deux ans au moins dans la classe immédiatement inférieure.

Les dispositions du présent article ne sont pas applicables à la première organisation de l'administration académique.

Art. 32. Nul ne peut être nommé aux fonctions de secrétaire d'académie, s'il ne justifie du grade de bachelier ou du brevet de capacité pour l'enseignement primaire.

Sont exceptés de cette condition les secrétaires et commis d'académie qui exercent actuellement ou qui ont précédemment exercé ces fonctions.

Art. 33. Dans chaque académie, le secrétaire est chargé de la rédaction des procès-verbaux du conseil académique, sous la direction du secrétaire de ce conseil.

Il est préposé à la garde des archives de l'académie. Il peut être chargé, par les recteurs, de délivrer copie des pièces dont il est dépositaire.

Il dirige, sous les ordres du recteur, le travail des bureaux de l'académie.

Il reçoit la consignation des droits perçus au profit du trésor public dans les chefs-lieux académiques où il n'existe pas d'agent comptable préposé à cette perception. Dans ce cas, il est commissionné par le ministre des finances et est tenu de fournir un cautionnement, conformément aux règlements.

### Chap. III. — *De l'inspection.*

Art. 34. Les inspecteurs généraux et les inspecteurs supérieurs sont choisis sur une liste de candidats formée par le ministre; le conseil supérieur est appelé à donner son avis sur cette liste, avant la nomination.

Art. 35. Pour la nomination des inspecteurs de l'instruction primaire, la liste des candidats, composée par le recteur, est communiquée au conseil académique, et transmise ensuite au ministre avec l'avis de ce conseil.

Art. 36. Les fonctions d'inspecteur d'académie et d'inspecteur de l'enseignement primaire sont incompatibles avec tout autre emploi public rétribué.

Le ministre, sur l'avis du conseil académique, peut toutefois autoriser les inspecteurs de l'instruction primaire à accepter les fonctions d'inspecteur, soit des enfants trouvés et abandonnés, soit des enfants employés dans les manufactures.

Art. 37. Les inspecteurs de l'instruction primaire sont partagés en classes, dont le nombre est déterminé par décret du président de la république.

Les traitements varient suivant les classes.

La classe est attachée à la personne, et non à la résidence.

Le fonctionnaire appelé pour la première fois à l'emploi d'inspecteur de l'instruction primaire est nécessairement de la dernière classe.

Nul ne peut être promu à la classe supérieure sans avoir passé un an au moins dans la classe immédiatement inférieure.

Les dispositions du présent article ne sont pas applicables à la première organisation de l'inspection de l'enseignement primaire.

Art. 38. Nul ne peut être appelé aux fonctions d'inspecteur de l'instruction primaire s'il n'a été déclaré apte à ces fonctions, après un examen spécial dont le programme sera déterminé conformément à l'art. 5 de la loi organique. Jusqu'à ce que ce programme ait été arrêté, l'examen aura lieu conformément aux règlements en vigueur.

Art. 39. Ne peuvent être admis à l'examen que les candidats qui justifient,

1° De vingt-cinq ans d'âge;

2° Du diplôme de bachelier ès lettres, ou d'un brevet de capacité pour l'enseignement primaire supérieur, si le brevet a été délivré avant la promulgation de la loi organique, et, dans le cas contraire, d'un brevet attestant que l'examen a porté sur toutes les matières d'enseignement comprises dans l'art. 23 de la même loi;

3° De deux ans d'exercice au moins dans l'enseignement ou dans les fonctions de secrétaire d'académie, de membre d'un ancien comité supérieur d'instruction primaire, ou de délégué du conseil académique pour la surveillance des écoles.

La condition exigée par le paragraphe précédent ne sera point applicable à la première organisation de l'inspection.

Art. 40. Sont dispensés de l'examen exigé par l'art. 38 les anciens inspecteurs ou sous-inspecteurs de l'instruction primaire, les directeurs d'écoles normales primaires, les principaux des colléges communaux, les chefs d'établissements particuliers d'instruction secondaire et les licenciés.

Art. 41. Ont seuls droit aux frais de tournée déterminés par les règlements : les membres du conseil supérieur délégués par le ministre pour une mission spéciale; les inspecteurs généraux; les inspecteurs supérieurs; les recteurs; les membres des conseils académiques délégués par le recteur en vertu de l'art. 18 de la loi organique; les inspecteurs d'académie et les inspecteurs de l'instruction primaire.

Art. 42. Les personnes chargées de l'inspection, en vertu de l'art. 18 de la loi organique, dressent procès-verbal de toutes les contraventions qu'elles reconnaissent.

Si la contravention consiste dans l'emploi d'un livre défendu en vertu de l'art. 5 de la même loi, l'ouvrage est saisi et envoyé avec le procès-verbal au recteur de l'académie, qui soumet l'affaire au conseil académique.

Art. 43. Les inspecteurs de l'instruction primaire donnent au recteur leur avis sur les secours et encouragements de tout genre relatifs à l'instruction primaire; ils s'assurent que les allocations accordées sont employées selon leur destination.

Ils font au recteur des propositions pour la liste d'admissibilité et d'avancement des instituteurs communaux, qui doit être dressée par le conseil académique. Ils donnent au recteur leur avis sur les nominations des instituteurs communaux et sur les demandes d'institution.

Ils assistent, avec voix délibérative, aux réunions des délégués cantonaux prescrites par le quatrième paragraphe de l'art. 42 de la loi organique et à celles dont il est fait mention en l'art. 46 du présent règlement.

Ils donnent leur avis au recteur sur les demandes formées par les instituteurs communaux et sur les déclarations faites par les instituteurs libres à l'effet d'ouvrir un pensionnat primaire.

Ils inspectent les écoles normales primaires et surveillent particulièrement les élèves-maîtres entretenus par le département dans les établissements d'instruction primaire.

Ils surveillent l'instruction donnée aux enfants admis pour le compte des communes dans les écoles libres, en exécution du quatrième paragraphe de l'art. 36 de la loi organique.

Ils adressent, tous les trois mois, au recteur de l'académie, un rapport sur la situation de l'instruction primaire dans les communes qu'ils ont parcourues pendant le trimestre, et des notes détaillées sur le personnel des écoles.

CHAP. IV. — *Des délégués cantonaux et des autorités préposées à l'enseignement primaire.*

Art. 44. Nul chef ou professeur dans un établissement d'instruction primaire, public ou libre, ne peut être nommé délégué du conseil académique.

Art. 45. Les délégués ont entrée dans toutes les écoles libres ou publiques de leur circonscription; ils les visitent au moins une fois par mois.

Ils communiquent aux inspecteurs de l'instruction primaire tous les renseignements utiles qu'ils ont pu recueillir.

Art. 46. Sur la convocation et sous la présidence du sous-préfet, les délégués des cantons d'un arrondissement peuvent être réunis au chef-lieu de l'arrondissement, pour délibérer sur les objets qui leur sont soumis par le recteur ou par le conseil académique.

Art. 47. A Paris, le conseil académique désigne, dans chaque arrondissement, un délégué au moins par quartier. Il peut désigner, en outre, dans chaque arrondissement, des délégués spéciaux pour les écoles des cultes protestant et israélite.

L'inspecteur de l'instruction primaire assiste aux réunions mensuelles des délégués de l'arrondissement, avec voix consultative.

Art. 48. Lorsqu'il y a dans une commune une école spécialement affectée aux enfants d'un culte et qu'il ne s'y trouve en résidence aucun ministre de ce culte, l'évêque ou le consistoire désigne, pour l'exécution de l'art. 44 de la loi organique, le curé, le pasteur ou le délégué d'une commune voisine.

Art. 49. Les autorités préposées par l'art. 44 de la loi organique à la surveillance des écoles peuvent se réunir, sous la présidence du maire, pour convenir des avis à transmettre à l'inspecteur de l'instruction primaire et aux délégués cantonaux.

CHAP. V. — *Des commissions d'examen pour la délivrance des brevets de capacité pour l'enseignement primaire.*

Art. 50. Les commissions d'examen pour le brevet de capacité pour l'enseignement primaire tiennent au moins deux sessions par an.

La commission ne peut délibérer régulièrement qu'autant que cinq au moins de ses membres sont présents.

Les délibérations sont prises à la majorité des suffrages.

En cas de partage, la voix du président est prépondérante.

La forme des brevets est réglée par le ministre de l'instruction publique.

Nul ne peut se présenter devant une commission d'examen, s'il n'est âgé de dix-huit ans au moins.

CHAP. VI. — *Autorités chargées de délivrer le brevet de capacité pour l'enseignement secondaire et les diplômes de différents grades.*

Art. 51. Les jurys chargés d'examiner les aspirants au brevet de capacité pour l'enseignement secondaire tiennent quatre sessions par an, le premier lundi des mois de janvier, d'avril, de juillet et d'octobre.

Les jurys ne peuvent délibérer régulièrement qu'autant que cinq de leurs membres au moins sont présents.

Les délibérations sont prises à la majorité des suffrages.

En cas de partage, la voix du président est prépondérante.

Des registres, destinés à recevoir les inscriptions des aspirants aux brevets, sont ouverts huit jours avant chaque session au secrétariat de l'académie et clos la veille de l'ouverture de la session.

Art. 52. Les brevets délivrés par les jurys spéciaux font mention de l'enseignement pour lequel ils ont été obtenus.

Le brevet n'est remis au candidat que dix jours après la décision du jury.

Pendant ce temps, le recteur peut se pourvoir devant le conseil académique pour violation des formes ou de la loi. En cas de pourvoi, le brevet n'est remis qu'après la décision du conseil académique, et, s'il y a recours, du conseil supérieur.

Les brevets sont signés par le recteur, président du jury.

Art. 53. Pour l'examen des candidats au baccalauréat ès lettres, des professeurs ou des agrégés des facultés des sciences, et, à défaut de professeurs ou d'agrégés, des docteurs ès sciences, sont adjoints aux professeurs des facultés des lettres pour la partie scientifique de l'examen.

Art. 54. Les délibérations prises par les diverses facultés pour la collation des grades sont transmises aux recteurs par leurs doyens respectifs.

Le diplôme n'est remis au candidat que dix jours après que la délibération de la faculté est parvenue au recteur.

Dans les dix jours de la réception, le recteur peut se pourvoir, pour violation de formes et de la loi, devant le conseil académique du département où l'examen a été passé.

En cas de pourvoi, le diplôme n'est remis qu'après la décision du conseil académique, et, s'il y a recours, du conseil supérieur.

Art. 55. Le ministre de l'instruction publique et des cultes est chargé de l'exécution du présent règlement, qui sera inséré au *Bulletin des lois*.

Fait à l'Élysée-National, le 29 juillet 1850.

LOUIS-NAPOLÉON BONAPARTE.

*Le ministre de l'instruction publique et des cultes,*

E. DE PARIEU.

## Règlement du 7 octobre 1850, relatif aux instituteurs primaires libres et publics.

Le président de la république,

Vu la loi du 15 mars 1850 sur l'enseignement, et spécialement le titre II;

Sur le rapport du ministre de l'instruction publique et des cultes,

Décrète :

### CHAP. Ier. — *De l'enseignement libre.*

Art. 1er. Il est ouvert, dans chaque mairie, un registre spécial destiné à recevoir les déclarations des instituteurs qui veulent établir des écoles libres, conformément à l'art. 27 de la loi organique du 15 mars 1850.

Indépendamment des indications exigées par cet article, chaque déclaration doit être accompagnée,

1° De l'acte de naissance de l'instituteur;

2° De son brevet de capacité ou du titre reconnu équivalent au brevet de capacité par le deuxième paragraphe de l'art. 25 de la loi organique.

Cette déclaration est signée, sur le registre, par l'instituteur et par le maire.

Une copie en est immédiatement affichée à la porte de la mairie et y demeure pendant un mois.

Art. 2. Dans les trois jours qui suivent cette déclaration, le maire adresse au recteur les pièces jointes à ladite déclaration et le certificat d'affiche.

Dans le même délai, le maire, après avoir visité ou fait visiter le local destiné à l'école, est tenu de délivrer gratuitement à l'instituteur, en triple expédition, une copie légalisée de sa déclaration.

S'il refuse d'approuver le local, il doit faire mention de cette opposition et des motifs sur lesquels elle est fondée, au bas des copies légalisées qu'il délivre à l'instituteur.

Une de ces copies est remise par l'instituteur au procureur de la république, et une autre au sous-préfet, lesquels en délivrent récépissé. La troisième copie est remise au recteur de l'académie par l'instituteur, avec les récépissés du procureur de la république et du sous-préfet.

Art. 3. A l'expiration du délai fixé par le dernier paragraphe de l'art. 27 de la loi organique, le maire transmet au recteur les observations auxquelles la déclaration affichée peut avoir donné lieu, ou l'informe qu'il n'en a pas été reçu à la mairie.

Art. 4. Si le recteur croit devoir faire opposition à l'ouverture de l'école, par application de l'art. 28 de la loi organique, il signifie son opposition à la partie par un arrêté motivé.

Trois jours au moins avant la séance fixée pour le jugement de l'opposition, la partie est citée à comparaître devant le conseil académique.

Cette opposition est jugée par le conseil académique, suivant les formes prescrites au chap. II du règlement d'administration publique du 29 juillet 1850.

Copie de la décision du conseil académique est transmise par le recteur au maire de la commune, qui fait transcrire cette décision en marge de la déclaration de l'instituteur sur le registre spécial.

Art. 5. Lorsqu'un instituteur libre a été suspendu de l'exercice de ses fonctions, il peut être admis, par le conseil académique, à présenter un suppléant pour la direction de son école.

Art. 6. Lorsque, par application des art. 29, 30 et 53 de la loi organique, un pensionnat primaire se trouve dans le cas d'être fermé, le recteur et le procureur de la république doivent se concerter pour que les parents ou tuteurs des élèves soient avertis, et pour que les élèves pensionnaires, dont les parents ne résident pas dans la localité, soient recueillis dans une maison convenable.

S'il se présente une personne digne de confiance qui offre de se charger des élèves pensionnaires ou externes, le recteur peut l'y autoriser provisoirement.

Cette autorisation n'est valable que pour trois mois au plus.

## CHAP. II. — *De l'enseignement public.*

### SECTION I^re^. — *Des écoles primaires publiques.*

Art. 7. Le local que la commune est tenue de fournir, en exécution de l'art. 37 de la loi organique, doit être visité, avant l'ouverture de l'école, par le délégué cantonal, qui fait connaître au conseil académique si ce local convient pour l'usage auquel il est destiné.

Art. 8. Lorsque des communes demandent à se réunir pour l'entretien d'une école, le local destiné à la tenue de cette école doit être visité par l'inspecteur de l'arrondissement, qui transmet son rapport au conseil académique.

A défaut de conventions contraires, les dépenses auxquelles l'entretien des écoles donne lieu sont réparties entre les communes réunies proportionnellement au montant des quatre contributions directes. Cette répartition est faite par le préfet.

Art. 9. Lorsqu'il est reconnu que le local fourni par une commune, en exécution de l'art. 37 de la loi organique, ne convient pas pour l'usage auquel il est destiné, le préfet, après s'être concerté avec le recteur et avoir pris l'avis du conseil municipal, décide s'il y a lieu, en raison des circonstances, de faire exécuter des travaux pour approprier le local à sa destination, ou bien d'en prononcer l'interdiction.

S'il s'agit de travaux à exécuter, il met la commune en demeure de pourvoir à la dépense nécessaire pour leur exécution dans un délai déterminé. A défaut d'exécution dans ce délai, il peut y pourvoir d'office.

Si l'interdiction du local a été prononcée, le préfet et le recteur pourvoient à la tenue de l'école soit par la location d'un autre local, soit par les autres moyens prévus par l'art. 36 de la loi organique.

Les dépenses occasionnées par ces mesures seront à la charge de la commune, dans les limites déterminées par la loi.

Art. 10. Chaque année, à l'époque fixée par le recteur, la liste des enfants admis gratuitement dans les écoles publiques est dressée conformément à ce qui est prescrit par l'art. 45 de la loi organique; les modifications apportées à cette liste dans le cours de l'année sont soumises aux mêmes formalités.

Art. 11. Dans les écoles où des enfants de divers cultes sont réunis, chaque ministre procède séparément à l'examen des élèves de son culte en ce qui concerne l'enseignement religieux.

Art. 12. Lorsque dans une école spécialement affectée aux enfants d'un culte sont admis les enfants d'un autre culte, il est tenu par l'instituteur un registre sur lequel est inscrite la déclaration du père, ou, à son défaut, de la mère ou du tuteur, attestant que leur enfant ou pupille a été admis dans l'école sur leur demande.

Ladite déclaration est signée par les père, mère ou tuteur. S'ils ne savent signer, l'instituteur fait mention de cette circonstance et certifie leur déclaration.

Ce registre doit être représenté à toute personne préposée à la surveillance de l'école.

### Section II. — *Des instituteurs publics.*

Art. 13. Tous les ans, à l'époque déterminée par le recteur, le conseil académique, dans chaque département, dresse :

1° Une liste de tous les candidats qui se sont fait inscrire pour être appelés aux fonctions d'instituteur communal, et qu'ils jugent dignes d'être nommés;

2° La liste des instituteurs communaux du département qui, à raison de leurs services, sont jugés dignes d'avancement.

Cette dernière liste doit faire connaître le traitement dont jouissent les instituteurs qui y sont portés.

Ces deux listes peuvent être modifiées pendant toute l'année.

Elles doivent être insérées au *Bulletin des actes administratifs de la préfecture*, et communiquées par le recteur aux conseils municipaux des communes dans lesquelles il y a lieu de pourvoir à la nomination d'un instituteur communal.

Art. 14. Aussitôt que le conseil municipal a nommé un instituteur, le maire envoie une copie de la nomination au recteur de l'académie, qui délivre, s'il y a lieu, à l'instituteur une autorisation provisoire, et qui propose au ministre d'accorder ou de refuser l'institution.

L'institution doit être donnée ou refusée dans le délai de six mois.

Si l'institution est refusée, le recteur met immédiatement le conseil municipal en demeure de pourvoir au choix d'un autre instituteur.

Art. 15. Lorsque les fonctions d'instituteur communal viennent à vaquer par suite de décès, de démission ou autrement, le recteur pourvoit à la direction de l'école, en attendant le remplacement de l'instituteur.

Art. 16. Le recteur pourvoit également à la direction de l'école lorsque l'instituteur se trouve frappé de suspension par application de l'art. 33 de la loi organique, ou lorsque, en attendant une instruction plus complète sur une demande en révocation, l'instituteur a été suspendu provisoirement de ses fonctions.

Dans ce cas, le recteur fixe la portion de traitement qui peut être laissée au titulaire et celle qui est attribuée à son suppléant, et il décide si le suppléant doit jouir en totalité ou en partie du logement affecté à l'instituteur communal.

Art. 17. Lorsqu'un maire croit devoir suspendre, en cas d'urgence, un instituteur communal, il en informe immédiatement l'inspecteur de l'instruction primaire, sans préjudice du compte qu'il doit rendre dans les deux jours au recteur.

Art. 18. Chaque année, trois jours avant la session de février des conseils municipaux, le receveur municipal remet au maire de la commune le rôle de la rétribution scolaire de l'année précédente.

Art. 19. Les conseils municipaux délibèrent, chaque année, dans leur session du mois de février, pour l'année suivante :

Sur le taux de la rétribution scolaire;

Sur le traitement de l'instituteur;

Sur les centimes spéciaux qu'ils doivent voter, à défaut de leurs revenus ordinaires, 1° pour assurer le traitement fixe de l'instituteur au minimum de 200 fr.; 2° pour élever au minimum de 600 fr. le revenu de l'instituteur, quand son traitement fixe, joint au produit de la rétribution scolaire, n'atteint pas cette somme.

Les délibérations des conseils municipaux relatives aux écoles sont envoyées, avant le 1er mai, pour l'arrondissement chef-lieu, au préfet, et pour les autres arrondissements aux sous-préfets, qui les transmettent dans les dix jours au préfet, avec leur propre avis, celui des délégués cantonaux et celui de l'inspecteur primaire.

Art. 20. Le préfet soumet au conseil académique les délibérations des conseils municipaux relatives au taux de la rétribution scolaire dans leur commune.

Le conseil académique fixe définitivement le taux de cette rétribution scolaire, et en informe le préfet, qui présente les résultats de ces diverses délibérations au conseil général, dans sa session ordinaire, à l'appui de la proposition des crédits à allouer pour les dépenses de l'instruction publique primaire dans le budget départemental.

Art. 21. La rétribution scolaire est due par tous les élèves externes et pensionnaires qui suivent les classes de l'école, et qui ne sont pas portés sur la liste dressée en exécution de l'art. 45 de la loi organique.

Art. 22. Le rôle de la rétribution scolaire est annuel.

Dans le courant de janvier, l'instituteur communal dresse et remet au maire, 1° le rôle des enfants présents dans son école au commencement du mois, avec l'indication du nom des redevables qui doivent acquitter la rétribution, et du montant de la rétribution due par chacun d'eux; 2° des extraits individuels dudit rôle, pour être ultérieurement remis aux redevables à titre d'avertissements.

Il n'est ouvert dans le rôle qu'un seul article au père, à la mère ou au tuteur qui a plusieurs enfants à l'école.

Le maire vise le rôle, après s'être assuré qu'il ne comprend pas d'enfants dispensés du payement de la rétribution; qu'il contient tous ceux qui y sont soumis; en outre, que la cotisation est établie d'après le taux fixé par le conseil académique.

Il l'adresse ensuite au sous-préfet, qui le communique à l'inspecteur, pour qu'il puisse fournir ses observations.

Le préfet, ou le sous-préfet par délégation, rend le rôle exécutoire et le transmet au receveur des finances, qui le fait parvenir au receveur municipal.

Art. 23. La rétribution scolaire est payée par douzièmes.

Art. 24. Un rôle supplémentaire est établi, à la fin de chaque trimestre, pour les enfants admis à l'école dans le courant du trimestre. Dans ce cas, la rétribution est due à partir du premier jour du mois dans lequel l'enfant a été admis.

Art. 25. Lorsque plusieurs communes sont réunies pour l'entretien d'une même école, l'instituteur dresse un rôle spécial pour chaque commune.

Art. 26. Tout enfant qui vient à quitter l'école postérieurement à l'émission du rôle est affranchi de la rétribution à partir du premier jour du mois suivant. Avis de son départ est immédiatement donné par l'instituteur et par les parents au maire, qui, après avoir vérifié le fait, en informe le receveur municipal.

Art. 27. En fin d'année, il est procédé à un décompte à l'effet de constater si l'instituteur communal a reçu le minimum de traitement qui lui est garanti par l'art. 37 de la loi organique.

Ce décompte est établi d'après le nombre des élèves portés soit au rôle général, soit aux rôles supplémentaires. Sur le montant des rôles, il est fait déduction des non-valeurs résultant soit des sorties d'élèves dans le cours de l'année, soit des dégrèvements prononcés.

Art. 28. Les remises des receveurs municipaux sont calculées conformément à l'art. 5 de la loi du 20 juillet 1837, sur le total des sommes portées aux rôles généraux et supplémentaires de la rétribution scolaire.

Art. 29. Les remises dues au percepteur et les cotes qui deviendraient irrecouvrables sont déclarées charges communales, et, comme telles, placées au nombre des dépenses obligatoires des communes.

Art. 30. Les réclamations auxquelles la confection des rôles peut donner lieu sont rédigées sur papier libre et déposées au secrétariat de la sous-préfecture.

Lorsqu'il s'agit de décharges ou réductions, il est statué par le conseil de préfecture, sur l'avis du maire, du délégué cantonal et du sous-préfet.

Il est prononcé sur les demandes en remise par le préfet, après avis du conseil municipal et du sous-préfet.

Art. 31. Lorsque le conseil académique autorise un instituteur à percevoir lui-même le montant de la rétribution scolaire, en exécution du deuxième paragraphe de l'art. 41 de la loi organique, le recteur en informe immédiatement le receveur particulier de l'arrondissement, qui en donne avis au receveur municipal.

Dans ce cas, le rôle de la rétribution est dressé et arrêté ainsi qu'il a été dit à l'art. 22 du présent règlement.

Art. 32. Le ministre de l'instruction publique et des cultes et le ministre des finances sont chargés, chacun en ce qui le concerne, de l'exécution du présent décret.

Fait à Paris, le 7 octobre 1850.

LOUIS-NAPOLÉON BONAPARTE.

*Le ministre de l'instruction publique et des cultes,*

E. DE PARIEU.

**Règlement du 5 décembre 1850, relatif aux conditions imposées aux étrangers pour être admis à enseigner.**

Le président de la république,

Sur le rapport du ministre de l'instruction publique et des cultes ;

Vu l'article 78 de la loi du 15 mars 1850 ;

Le conseil supérieur de l'instruction publique entendu,

Décrète :

§ 1er. *Des étrangers dans les établissements libres d'instruction primaire et secondaire.*

Art. 1er. Pour ouvrir et diriger une école primaire ou secondaire libre, tout étranger admis à jouir des droits civils en France est soumis aux mêmes obligations que les nationaux. Il devra, en outre, avoir préalablement obtenu et produire une autorisation spéciale du ministre de l'instruction publique, accordée après avis du conseil supérieur.

Cette dernière condition est imposée à tout étranger appelé à remplir dans un établissement d'instruction primaire ou secondaire libre une fonction de surveillance ou d'enseignement.

L'autorisation accordée par le ministre, après avis du conseil supérieur, pourra toujours être retirée dans les mêmes formes.

Art. 2. Dans le cas particulier d'écoles primaires ou d'établissements secondaires spécialement autorisés, conformément à l'article précédent, et uniquement destinés à des enfants étrangers résidant en France, des dispenses de brevets de capacité ou de grade pourront être accordées par le ministre de l'instruction publique, après avis du conseil supérieur.

Art. 3. Le ministre de l'instruction publique pourra, après avoir pris l'avis du conseil supérieur, déclarer équivalents aux brevets ou diplômes nationaux exigés par la loi tous brevets et grades obtenus par l'étranger des autorités scolaires de son pays.

Art. 4. Pourront être également accordées par le ministre, en conseil supérieur, des dispenses de brevets et de grades aux étrangers qui se seraient fait connaître par des ouvrages dont le mérite aura été reconnu par le conseil de l'instruction publique.

Art. 5. Les chefs ou directeurs étrangers d'établissements d'instruction secondaire ou primaire libres, régulièrement autorisés avant le 1er septembre 1850, continueront d'exercer leur profession sans être soumis aux prescriptions de l'article 1er du présent décret.

§ 2. *Cours publics.*

Art. 6. L'autorisation et les dispenses laissées à la discrétion des conseils académiques par l'art. 77 de la loi du 17 mars 1850 ne pourront, quand il s'agira d'étrangers admis à jouir des droits civils, être accordées que par le ministre de l'instruction publique, en conseil supérieur; lesdites autorisations et dispenses sont toujours révocables dans les mêmes formes.

§ 3. *Des étrangers dans les écoles et établissements publics.*

Art. 7. Nul étranger ne pourra être nommé instituteur communal ou instituteur adjoint dans une école publique, inspecteur primaire, directeur ou maître adjoint dans une école normale primaire, s'il n'a préalablement obtenu des lettres de naturalisation.

Il en sera de même pour toute fonction à titre définitif dans les établissements publics d'instruction secondaire.

Art. 8. Le ministre de l'instruction publique et des cultes est chargé de l'exécution du présent décret.

Fait au palais de l'Élysée, le 5 décembre 1850.

LOUIS-NAPOLÉON BONAPARTE.

*Le ministre de l'instruction publique et des cultes,*

E. DE PARIEU.

**Règlement du 20 décembre 1850, relatif aux établissements libres d'instruction secondaire.**

Le président de la république,

Sur le rapport du ministre de l'instruction publique et des cultes ;

Vu les art. 64, 66, 67 et 68 de la loi du 15 mars 1850 ;

Vu pareillement le décret en date du 5 décembre courant, sur les étrangers qui veulent enseigner en France;

Le conseil supérieur de l'instruction publique entendu,

Décrète :

Art. 1er. Lorsque le recteur, le préfet ou le procureur de la république croiront devoir user du droit d'opposition qui leur est conféré par l'art. 64 de la loi organique de l'instruction publique, l'opposition sera motivée, signée de son auteur et écrite sur papier libre.

Elle sera déposée au secrétariat de l'académie et notifiée à la personne ou au domicile de la partie intéressée, à la diligence du recteur de l'académie, en la forme administrative.

Art. 2. Dans la quinzaine qui suivra la notification de l'opposition, il y sera statué par le conseil académique. Trois jours avant la séance fixée pour le jugement de l'opposition, la partie intéressée sera citée à comparaître devant le conseil académique à la diligence du recteur de l'académie.

Le jugement est notifié dans le délai d'un mois par le recteur à la partie intéressée, et au procureur de la république ou au préfet, s'ils ont formé opposition.

Si, dans la quinzaine, à dater du jour de la dernière notification, il n'est interjeté appel ni par le recteur, ni par la partie intéressée, le jugement sera réputé définitif.

Art. 3. Les jugements des conseils académiques portant réprimande avec publicité seront insérés, par extrait, dans le *Recueil des actes administratifs de la préfecture* et dans un journal du département désigné par le jugement.

Art. 4. Lorsque, par application des art. 66 et 68 de la loi organique, un établissement particulier d'instruction secondaire se trouve dans le cas d'être fermé, le recteur et le procureur de la république doivent se concerter pour que les parents ou tuteurs des élèves soient avertis, et pour que les élèves pensionnaires dont les parents ne résident pas dans la localité soient recueillis dans une maison convenable.

S'il se présente une personne digne de confiance qui offre de se charger des élèves pensionnaires ou externes, le recteur pourra l'y autoriser provisoirement; il en informera immédiatement le conseil académique, qui examinera s'il y a lieu de maintenir l'autorisation accordée. Cette autorisation ne sera valable que pour trois mois au plus.

Art. 5. Les ministres des cultes qui auraient été interdits ou révoqués ne peuvent profiter de la faculté accordée par le troisième paragraphe de l'art. 66 de la loi organique.

Art. 6. Chaque chef d'institution particulier d'instruction secondaire est tenu d'inscrire sur un registre spécial les nom, prénoms, date et lieu de naissance des répétiteurs ou surveillants qu'il emploie, avec l'indication de la fonction qu'ils remplissent.

Ce registre doit être communiqué à toute réquisition des autorités préposées à la surveillance et à l'inspection.

Art. 7. Le ministre de l'instruction publique et des cultes es chargé de l'exécution du présent décret.

Fait à l'Élysée-National, le 20 décembre 1850.

LOUIS-NAPOLÉON BONAPARTE.

*Le ministre de l'instruction publique et des cultes,*

E. DE PARIEU.

**Règlement du 20 décembre 1850, relatif à la délivrance des certificats de stage pour l'instruction secondaire.**

Le président de la république,

Sur le rapport du ministre de l'instruction publique et des cultes;

Vu le deuxième paragraphe de l'art. 60 et l'art. 61 de la loi du 15 mars 1850;

Le conseil supérieur de l'instruction publique entendu,

Décrète :

Art. 1er. Les certificats de stage délivrés par les conseils académiques en vertu de l'art. 61 de la loi du 15 mars 1850 doivent énoncer :

1° Les nom, prénoms, âge et lieu de naissance du postulant;

2° L'époque où le stage a commencé, la nature des fonctions remplies et la durée du stage, attestées par le chef de l'établissement où le stage aura été accompli.

Lorsque le chef de l'établissement est décédé, absent ou empèché, son attestation peut être suppléée par un acte de notoriété publique.

Art. 2. Les attestations sont écrites sur papier timbré, et les signatures en sont légalisées.

Art. 3. Le stage, pour être valable, doit avoir été accompli en France.

Art. 4. Le certificat de stage est délivré par le conseil académique du département où le postulant se propose d'ouvrir un établissement.

Art. 5. Les délibérations des conseils académiques portant proposition de dispense de stage doivent être motivées; elles sont accompagnées de la demande du postulant et de toutes les pièces par lui produites.

Art. 6. Le ministre de l'instruction publique et des cultes est chargé de l'exécution du présent décret.

Fait à l'Élysée-National, le 20 décembre 1850.

LOUIS-NAPOLÉON BONAPARTE.

*Le ministre de l'instruction publique et des cultes*,

E. DE PARIEU.

## Règlement du 30 décembre 1850, relatif aux pensionnats primaires.

Le président de la république,

Sur le rapport du ministre de l'instruction publique et des cultes;

Vu l'art. 53 de la loi du 15 mars 1850;

Le conseil supérieur de l'instruction publique entendu,

Décrète :

### TITRE I^er^.

### *Des instituteurs libres.*

Art. 1^er^. Tout instituteur libre qui veut ouvrir un pensionnat primaire, devra justifier qu'il s'est soumis aux prescriptions des art. 27 et 28 de la loi du 15 mars 1850. Il devra, en outre, déposer entre les mains du maire la déclaration exigée par le paragraphe 1^er^ de l'art. 53 de ladite loi.

Cette déclaration doit être accompagnée :

1° De l'acte de naissance de l'instituteur, et, s'il est marié, de son acte de mariage;

2° D'un certificat dûment légalisé, attestant que le postulant a exercé pendant cinq ans au moins, soit comme instituteur, soit comme maître, dans un pensionnat primaire;

3° Du programme de son enseignement;

4° Du plan du local dans lequel le pensionnat doit être établi;

5° De l'indication du nombre maximum des pensionnaires qu'il se propose de recevoir;

6° De l'indication des noms, prénoms, date et lieu de naissance des maîtres et employés qu'il s'est adjoints pour la surveillance du pensionnat.

Art. 2. Tout Français qui, après avoir exercé pendant cinq ans comme maître dans un pensionnat primaire, voudra ouvrir à la fois une école libre et un pensionnat primaire, pourra accomplir simultanément les formalités prescrites par les art. 27 et 28 de la loi du 15 mars et par l'art. 1^er^ ci-dessus.

Art. 3. Le maire inscrit sur un registre spécial la déclaration de l'instituteur.

Dans les trois jours qui suivent la déclaration, le maire, après avoir visité ou fait visiter le local destiné au pensionnat, vise en triple expédition la déclaration de l'instituteur et la lui remet avec son visa.

S'il refuse d'approuver le local, il fait mention de son opposition et des motifs sur lesquels elle est fondée, en marge de la déclaration.

Cette déclaration, accompagnée des pièces prescrites par l'article 1er du présent règlement, est transmise au recteur de l'Académie, au procureur de la république et au sous-préfet par le postulant.

Art. 4. Si le recteur fait opposition à l'ouverture du pensionnat, soit dans l'intérêt de la moralité ou de la santé des élèves, soit pour inobservation des formes et conditions prescrites par la loi, il signifie son opposition à la partie par un arrêté motivé.

Trois jours au moins avant la séance fixée pour le jugement de l'opposition, l'instituteur est appelé devant le conseil académique.

Cette opposition est jugée par le conseil académique, suivant les formes prescrites au chap. II du règlement d'administration publique, en date du 29 juillet 1850 (art. 25, 27 et 28).

Copie de la décision du conseil académique est transmise par le recteur au maire de la commune qui fait transcrire cette décision, en marge de la déclaration de l'instituteur, sur le registre spécial.

A défaut d'opposition à l'ouverture du pensionnat, et dans le cas où il est donné main levée de l'opposition qui aurait été formée, le conseil académique détermine le nombre d'élèves qui peuvent être admis sans inconvénient dans le local affecté au pensionnat, et le nombre des maîtres et employés nécessaire pour la surveillance des élèves. Mention en est faite par le recteur sur le plan du local. L'instituteur est tenu de représenter ledit plan aux autorités préposées à la surveillance des écoles, chaque fois qu'il en est requis.

## TITRE II.

### *Des instituteurs publics.*

Art. 5. Les dispositions des art. 1 et 3 du présent règlement sont applicables à l'instituteur public qui veut établir un pensionnat primaire.

La déclaration de l'instituteur est soumise par le maire au conseil municipal dans sa plus prochaine réunion.

Le conseil municipal, avant de donner son avis sur la demande, s'assure que le local est approprié à sa destination et que la tenue de l'école communale n'aura pas à souffrir de l'établissement projeté.

Art. 6. L'autorisation donnée par le conseil académique mentionne le nombre des élèves pensionnaires que l'instituteur peut recevoir. Cette autorisation mentionne également le nombre des maîtres et employés qui devront partager avec l'instituteur la surveillance du pensionnat.

Le plan du local visé par le recteur et l'autorisation délivrée par le conseil académique doivent être représentés par l'instituteur aux autorités préposées à la surveillance des écoles.

Art. 7. Le régime intérieur des pensionnats primaires sera réglé par le recteur en conseil académique, sauf révision par le ministre en conseil supérieur de l'instruction publique.

## TITRE III.

### *Des conditions communes aux instituteurs publics et libres.*

Art. 8. Si l'instituteur ne s'est pas conformé aux mesures prescrites par le conseil académique, dans l'intérêt des mœurs et de la santé des élèves, il pourra être traduit devant ledit conseil pour subir l'application des dispositions de l'art. 30 de la loi du 15 mars 1850, s'il appartient à l'enseignement libre; s'il est instituteur communal, il lui sera fait application des peines énoncées en l'art. 33 de ladite loi.

Art. 9. Tout instituteur qui reçoit des pensionnaires doit tenir un registre sur lequel il inscrit les noms, prénoms et l'âge de ses élèves pensionnaires, la date de leur entrée et celle de leur sortie.

Chaque année, il transmet, avant le 1er novembre, au recteur de l'académie, un rapport sur la situation et le personnel de son établissement.

Art. 10. Tout instituteur dirigeant un pensionnat, qui change de commune, ou qui, sans changer de commune, change de local ou apporte au local affecté à son pensionnat des modifications graves, doit en faire la déclaration au recteur et au maire de la commune, et se pourvoir de nouveau devant le conseil académique.

La nouvelle déclaration devra être accompagnée du plan du local et devra mentionner les indications énoncées au paragraphe 5 de l'art. 4 du présent règlement.

Art. 11. Il est ouvert, dans chaque pensionnat, un registre spécial destiné à recevoir les noms, prénoms, date et lieu de naissance des maîtres et employés, et l'indication des emplois qu'ils occupaient précédemment et des lieux où ils ont résidé, ainsi que la date des brevets, diplômes ou certificats de stage dont ils seraient pourvus.

Les autorités préposées à la surveillance de l'instruction primaire devront toujours se faire représenter ces registres quand elles inspecteront les écoles.

Art. 12. Aucun pensionnat primaire ne pourra être établi dans des locaux dont le voisinage serait reconnu dangereux sous le rapport de la moralité et de la santé des élèves.

Art. 13. Aucun pensionnat ne peut être annexé à une école primaire qui reçoit des enfants des deux sexes.

Art. 14. Les dortoirs doivent être spacieux, aérés et dans des dimensions qui soient en rapport avec le nombre des pensionnaires.

Ils doivent être surveillés et éclairés pendant la nuit.

Une pièce spéciale doit être affectée au réfectoire.

Art. 15. Le ministre de l'instruction publique et des cultes est chargé de l'exécution du présent décret.

Fait à l'Élysée-National, le 30 décembre 1850.

LOUIS-NAPOLÉON BONAPARTE.

*Le ministre de l'instruction publique et des cultes,*

E. DE PARIEU.

## Règlement du 24 mars 1851, relatif aux écoles normales primaires.

Le président de la république,

Sur le rapport du ministre de l'instruction publique et des cultes;

Vu l'art. 35 de la loi du 15 mars 1850;

Le conseil supérieur de l'instruction publique entendu,

Décrète :

### TITRE Ier.

*Des objets de l'enseignement dans les écoles normales primaires.*

Art. 1er. L'enseignement dans les écoles normales primaires comprend :

L'instruction morale et religieuse,

La lecture,

L'écriture,

Les éléments de la langue française,

Le calcul et le système légal des poids et mesures,

Le chant religieux.

Il peut comprendre en outre :

L'arithmétique appliquée aux opérations pratiques,

Les éléments d'histoire et de géographie,

Des notions des sciences physiques et d'histoire naturelle, applicables aux usages de la vie,

Des instructions élémentaires sur l'agriculture, l'industrie et l'hygiène,

L'arpentage, le nivellement et le dessin linéaire,

La gymnastique.

Art. 2. La durée du cours d'études est de trois ans.

Art. 3. A la fin de la seconde année, le conseil académique désigne, sur le rapport de la commission de surveillance, les élèves qui pourront recevoir tout ou partie de l'enseignement des matières indiquées aux paragraphes 9, 10, 11, 12 et 13 de l'article 1er du présent règlement.

Art. 4. Les élèves-maîtres seront exercés à la pratique des

méthodes d'enseignement dans les écoles primaires qui seraient annexées aux écoles normales.

L'instituteur qui dirige l'école annexe est considéré comme maître adjoint, et nommé conformément aux dispositions de l'article 9 ci-après.

Art. 5. Chaque année, le conseil académique désigne les livres qui seront mis à la disposition des élèves. Ces livres seront exclusivement choisis parmi ceux dont l'introduction aura été autorisée conformément à l'article 5 de la loi du 15 mars 1850.

## TITRE II.

### *De la direction et de la surveillance.*

#### CHAP. Ier. — *De la direction.*

Art. 6. Le directeur de l'école est nommé par le ministre de l'instruction publique, après avis du conseil académique.

Art. 7. Le directeur est chargé de la principale partie de l'enseignement.

Art. 8. Le directeur est secondé, pour l'enseignement et la surveillance, par des maîtres adjoints, nommés par le ministre sur la proposition du recteur de l'académie.

Ces maîtres résident dans l'établissement; ils sont au nombre de deux au plus, non compris l'aumônier.

Il ne pourra être attaché de maître externe aux écoles normales que pour le chant. Ce maître est proposé par le directeur, et agréé par le recteur.

Art. 9. L'instruction religieuse est donnée aux élèves-maîtres, suivant la religion qu'ils professent, par les ministres des différents cultes reconnus par l'Etat.

#### CHAP. II. — *De la commission de surveillance et de ses attributions.*

Art. 10. La surveillance de l'école normale est confiée à une commission de cinq membres, nommés pour trois ans par le recteur, sur la proposition du conseil académique.

Le président de la commission est nommé par le recteur.

Le directeur assiste aux délibérations de la commission avec voix délibérative, hors les cas où elle a à statuer sur des questions qui intéressent sa gestion.

Art. 11. La commission de surveillance est chargée :

1° De préparer la liste des candidats à l'école normale, dont elle aura constaté, dans les formes indiquées ci-après, l'aptitude intellectuelle et morale ;

2° De rédiger le règlement particulier de l'école : ce règlement devra être approuvé par le recteur en conseil académique ;

3° De désigner, à la fin de la première année, ceux des élèves qui seront admis aux cours de deuxième année, et, à la fin de la seconde année, ceux qui pourront passer en troisième année.

Dans le cas de maladie prolongée ou d'absence légitime, la commission peut autoriser un élève à redoubler le cours de première ou de deuxième année.

4° De dresser, chaque année, le budget et d'examiner les comptes qui lui sont présentés par la direction de l'école, et de consigner ses observations dans un rapport spécial.

Art. 12. Il est tenu dans chaque école par le directeur, assisté des maîtres-adjoints, un registre sur lequel sont consignées les notes trimestrielles sur la conduite et le travail des élèves-maîtres. A la fin du cours d'études, il est fait pour chaque élève un résumé de ces notes dans l'ordre suivant :

1° Devoirs religieux ;
2° Conduite ;
3° Caractère ;
4° Aptitude ;
5° Progrès.

Ces résumés sont mis à la disposition des conseils académiques pour leur servir à dresser la liste d'admissibilité prescrite par l'article 31 de la loi du 15 mars 1850.

Art. 13. Les membres de la commission font, au moins une fois tous les trois mois, la visite de l'école ; ils prennent connaissance des registres sur lesquels doivent être consignées, par le directeur, les notes relatives à la conduite, au caractère et au travail de chaque élève.

Ils examinent les classes et interrogent les élèves.

Art. 14. Tous les ans, au mois de juillet, la commission de surveillance adresse au recteur de l'académie, sur l'état et le personnel de l'école, un rapport qui sera transmis au ministre.

Elle reçoit du directeur, à la même époque, un rapport sur

tout ce qui concerne les élèves et la discipline. Elle transmet ce rapport, avec ses observations, au préfet, qui le place sous les yeux du conseil général, et au recteur, qui en envoie au ministre une expédition accompagnée de ses observations.

## TITRE III.

### *De l'admission des élèves-maîtres.*

Art. 15. Chaque année, le ministre détermine, sur l'avis du conseil académique, le nombre des élèves-maîtres qui peuvent être admis à l'école normale, soit à leurs frais, soit aux frais du département et des communes, soit aux frais de l'État.

Art. 16. Les inscriptions des candidats auront lieu du 1er au 15 janvier : un registre est ouvert à cet effet au secrétariat de l'académie. Aucune inscription ne sera reçue que le candidat n'ait déposé les pièces suivantes :

1° Son acte de naissance, constatant que, au 1er septembre de l'année pendant laquelle il se présente, il aura 18 ans accomplis au moins et 22 ans au plus;

2° Un certificat de médecin constatant qu'il a été vacciné ou qu'il a eu la petite vérole, et qu'il n'est atteint d'aucune infirmité ou d'aucun vice de constitution qui le rende impropre à l'enseignement;

3° L'engagement légalisé de servir pendant dix ans au moins dans l'instruction primaire publique.

S'il est mineur, le candidat produira en outre une déclaration, aussi légalisée, de son père ou de son tuteur, l'autorisant à contracter cet engagement.

4° Une note signée de lui, indiquant le lieu ou les lieux qu'il a habités depuis l'âge de quinze ans;

5° Des certificats de moralité délivrés, tant par les chefs des écoles auxquelles il aura appartenu, soit comme élève, soit comme sous-maître, que par chacune des autorités locales préposées à la surveillance et à la direction morale de l'enseignement, conformément à l'article 44 de la loi du 15 mars 1850.

Art. 17. Une enquête est faite, par les soins du recteur et des inspecteurs de l'instruction primaire, sur la conduite et les antécédents des candidats.

Au vu des pièces exigées et d'après les résultats de l'enquête, la commission de surveillance dresse, du 1er au 15 août, la liste mentionnée en l'article 12.

Sur la production de cette liste et des pièces qui l'accompagnent, ainsi que des demandes présentées par les candidats, le recteur, en conseil académique, prononce, s'il y a lieu, l'admissibilité des candidats à l'école normale.

Art. 18. Les bourses ou portions de bourses entretenues, soit par l'État, soit par les départements, sont accordées par le recteur en conseil académique.

Les boursiers qui n'obtiennent que des portions de bourses s'engagent à payer la portion qui reste à leur charge. Les boursiers départementaux prennent en outre l'engagement de servir pendant dix ans dans le département qui paye leur pension.

Ils peuvent être affranchis en tout ou en partie de ces engagements par une dispense du recteur, sur l'avis conforme du conseil académique.

Les engagements dont il vient d'être question seront légalisés, et, s'il y a lieu, autorisés comme il est dit au 5e paragraphe de l'article 16 du présent règlement.

Art. 19. Les boursiers qui, par leur fait, sortiraient de l'école avant la fin du cours, ou qui refuseraient d'accomplir leur engagement décennal, seront tenus de restituer à l'État ou au département le prix de la pension dont ils auront joui.

Toutefois, ils pourront être dispensés de cette obligation par le ministre, sur l'avis du conseil académique.

Le montant des restitutions fera retour au fonds sur lequel les bourses étaient payées.

La dispense du service militaire cesse à dater du jour où l'engagement a été rompu.

## TITRE IV.

### *Du régime intérieur.*

Art. 20. Les journées commencent et finissent par une prière commune.

La prière du matin et du soir est suivie d'une lecture de piété.

Les jours de dimanche et de fêtes légalement reconnues, les élèves sont conduits aux offices publics par le directeur, assisté des maîtres-adjoints.

Art. 21. Les vacances durent quinze jours au plus.

Tout congé, toute sortie particulière, hors le cas d'une circonstance exceptionnelle dont le directeur est juge, est formellement interdit pendant la durée du cours d'études.

Les élèves seront toujours conduits en promenade par le directeur ou les maîtres-adjoints.

Art. 22. Chaque année, lorsque les besoins du service le permettent, le recteur peut accorder au directeur et maîtres-adjoints internes un congé dont la durée ne peut excéder un mois; ces congés ne pourront être accordés à plusieurs maîtres à la fois.

Art. 23. Les élèves-maîtres sont chargés du service de propreté dans l'intérieur de l'école.

## TITRE V.

### *De la discipline.*

Art. 24. Les punitions qui peuvent être infligées aux élèves, suivant la gravité des fautes, sont :

La retenue,

La réprimande,

L'exclusion.

Le directeur prononce la retenue.

La réprimande est prononcée, suivant les cas, par le directeur, la commission de surveillance ou le recteur.

L'exclusion est prononcée par le recteur, sur l'avis du directeur, la commission de surveillance entendue.

En cas de faute grave, le directeur peut prononcer l'exclusion provisoire.

Lorsque l'exclusion est prononcée, le ministre en est immédiatement informé.

Art. 25. Tout élève qui, à la fin de l'année, n'est pas jugé en état de passer au cours supérieur cesse de faire partie de l'école.

Fait au palais de l'Élysée, le 24 mars 1851.

LOUIS-NAPOLÉON BONAPARTE.

*Le ministre de l'instruction publique et des cultes,*

CH. GIRAUD.

## Règlement du 10 avril 1852, relatif à l'instruction secondaire et supérieure.

Louis-Napoléon,

Président de la république française,

Sur le rapport du ministre de l'instruction publique et des cultes,

Vu l'art. 7 du décret du 9 mars 1852;

Le conseil supérieur de l'instruction publique entendu,

Décrète :

Art. 1er. Indépendamment de la division élémentaire qui sera établie, s'il y a lieu, pour préparer les enfants à l'enseignement secondaire, les lycées comprennent nécessairement deux divisions : la division de grammaire, commune à tous les élèves, et la division supérieure, où les lettres et les sciences forment la base de deux enseignements distincts.

Art. 2. Après un examen constatant qu'ils sont en état de suivre les classes, les élèves sont admis dans la division de grammaire, qui embrasse les trois années de sixième, de cinquième et de quatrième.

Chacune de ces trois années est consacrée, sous la direction du même professeur : 1° à l'étude des grammaires française, latine et grecque; 2° à l'étude de la géographie et de l'histoire de France.

L'arithmétique est enseignée, en quatrième, une fois par semaine, à l'heure ordinaire des classes.

A l'issue de la classe de quatrième, les élèves subissent un examen, appelé examen de grammaire, dont le résultat est constaté par un certificat spécial, indispensable pour passer dans la division supérieure.

Art. 3. La division supérieure est partagée en deux sections.

L'enseignement de la première section a pour objet la culture littéraire, et ouvre l'accès des facultés des lettres et des facultés de droit.

L'enseignement de la seconde section prépare aux professions commerciales et industrielles, aux écoles spéciales, aux facultés des sciences et de médecine.

Les études littéraires et historiques embrassent, comme par le passé, les classes de troisième, de seconde et de rhétorique.

Les études scientifiques ont lieu pendant trois années correspondantes.

Les langues vivantes sont enseignées pendant les trois années dans les deux sections.

Les programmes indiqueront les autres études qui pourront être communes aux deux enseignements.

Une dernière année, dite *de logique*, obligatoire pour les deux catégories d'élèves, a particulièrement pour objet l'exposition des opérations de l'entendement, et l'application des principes généraux de l'art de penser à l'étude des sciences et des lettres.

Art. 4. Des conférences sur la religion et sur la morale, correspondant aux différentes divisions, sont faites par l'aumônier ou sous sa direction. Elles font nécessairement partie du plan d'études des lycées. Le programme en est dressé directement par l'évêque diocésain.

Des mesures analogues sont prescrites pour les élèves des cultes non catholiques reconnus.

Art. 5. L'école normale supérieure prépare aux grades de licencié ès lettres, de licencié ès sciences, et à la pratique des meilleurs procédés d'enseignement et de discipline scolaire.

Cette école est essentiellement littéraire et scientifique; la philosophie y est enseignée comme une méthode d'examen pour connaître les procédés de l'esprit humain dans les lettres et dans les sciences.

Les élèves de l'école normale supérieure qui auront subi avec succès les *examens de sortie* seront chargés de cours dans les lycées.

Art. 6. Pour obtenir le titre de professeur dans un lycée, il faut être agrégé à la suite d'une épreuve publique.

Art. 7. Il y a deux sortes d'agrégations, l'une pour les lettres, l'autre pour les sciences.

Les candidats doivent être âgés de vingt-cinq ans, avoir fait la classe pendant cinq ans, et être pourvus du diplôme de licencié ès lettres ou de deux au moins des trois diplômes de licencié ès sciences.

Ils doivent produire, en outre, une autorisation ministérielle.

Les trois années passées à l'école normale seront comptées pour deux années de classe; il en sera de même du diplôme de docteur ès lettres ou de docteur ès sciences.

Les examens de l'agrégation portent uniquement sur les matières qui font l'objet des études secondaires, et ont pour but de constater la capacité des candidats et leur expérience dans les fonctions de l'enseignement.

Art. 8. L'examen du baccalauréat ès lettres est divisé en deux parties:

1° L'épreuve écrite, qui consiste en deux compositions;

2° L'épreuve orale, qui comprend l'explication des auteurs grecs, latins et français désignés chaque année par le ministre en conseil supérieur, et les questions posées par les membres du jury sur tous les objets de l'enseignement de la section littéraire des lycées.

Des programmes nouveaux indiqueront sommairement les matières sur lesquelles ces questions devront porter.

Art. 9. Il y a un seul baccalauréat ès sciences.

Les candidats sont dispensés de produire le diplôme de bachelier ès lettres.

Les épreuves sont de deux sortes : 1° deux compositions écrites; 2° questions orales embrassant tout ce qui fait l'objet de l'enseignement de la section scientifique des lycées.

Art. 10. Les candidats, soit au baccalauréat ès lettres, soit au baccalauréat ès sciences, qui n'ont pas satisfait à l'épreuve écrite, ne sont pas admis à l'épreuve orale.

Art. 11. Les parties les plus élevées des mathématiques, de la physique, de la chimie et de l'histoire naturelle, qui étaient comprises dans les anciens programmes du baccalauréat ès sciences mathématiques et du baccalauréat ès sciences physiques, sont reportées à l'examen des trois licences ès sciences mathématiques, ès sciences physiques et ès sciences naturelles, qui demeurent distinctes.

Art. 12. Les étudiants des facultés de médecine et des écoles supérieures de pharmacie sont dispensés de produire le diplôme de bachelier ès lettres. Ils doivent produire le diplôme de bachelier ès sciences avant de prendre la première inscription.

Art. 13. Chaque année, les étudiants des facultés de droit doivent se faire inscrire à deux cours de la faculté des lettres.

Art. 14. Les programmes détaillés des cours professés dans les facultés des lettres sont soumis annuellement par le recteur, avec l'avis de la faculté, à l'approbation du ministre de l'instruction publique.

Art. 15. Les professeurs des facultés de droit, de médecine, des lettres, des sciences et des écoles supérieures de pharmacie s'assureront, par des appels ou par tout autre moyen, de l'assiduité de leurs auditeurs.

Art. 16. Les nouveaux programmes d'études et d'examens prévus par le présent décret seront soumis au conseil supérieur dans sa prochaine session.

Art. 17. Les anciens agrégés de grammaire, des classes supérieures des lettres, d'histoire et de philosophie sont aptes à recevoir le titre de professeurs des lettres.

Les anciens agrégés de mathématiques et de physique sont aptes à recevoir le titre de professeurs des sciences.

Art. 18. Le présent décret sera mis à exécution à partir du 1er octobre prochain.

Art. 19. Le ministre de l'instruction publique et des cultes est chargé de l'exécution du présent décret.

Fait au palais des Tuileries, le 10 avril 1852.

Louis-Napoléon.

Par le Président :

*Le ministre de l'instruction publique et des cultes,*

H. Fortoul.

## Règlement du 31 décembre 1853, relatif aux écoles primaires de garçons et de filles et aux maisons d'éducation de jeunes demoiselles.

NAPOLÉON,

Par la grâce de Dieu et la volonté nationale, empereur des Français,

A tous présents et à venir, salut :

Sur le rapport de notre ministre secrétaire d'État au département de l'instruction publique et des cultes ;

Vu la loi du 15 mars 1850 ;

Vu le décret du 7 octobre 1850 ;

Vu l'art. 4 du décret du 9 mars 1852, portant que les recteurs des académies nomment les instituteurs communaux ;

Vu l'avis du conseil impérial de l'instruction publique ;

Notre conseil d'État entendu,

Avons décrété et décrétons ce qui suit :

### TITRE I^er^.

### *Des écoles communales et des instituteurs.*

Art. 1^er^. Nul n'est nommé définitivement instituteur communal, s'il n'a dirigé pendant trois ans au moins une école en qualité d'instituteur suppléant, ou s'il n'a exercé pendant trois ans, à partir de sa vingt et unième année, les fonctions d'instituteur adjoint.

Art. 2. Nul ne peut être nommé instituteur suppléant, s'il ne remplit les conditions déterminées par l'art. 25 de la loi du 15 mars 1850.

Art. 3. Les instituteurs suppléants peuvent être chargés par les recteurs des académies de la direction, soit des écoles publiques dans les communes dont la population ne dépasse pas 500 âmes, soit des écoles annexes dont l'établissement serait reconnu nécessaire.

Ils remplacent temporairement les instituteurs communaux en cas de congé, de démission ou de révocation, de maladie ou de décès.

Art. 4. Les instituteurs suppléants dirigeant des écoles publiques reçoivent un traitement dont le minimum est fixé ainsi qu'il suit, y compris le produit de la rétribution scolaire :

Instituteurs suppléants de 1re classe. . . . 500 fr.
Instituteurs suppléants de 2e classe. . . . 400

Il est pourvu au traitement et au logement des instituteurs suppléants conformément aux dispositions de la loi du 15 mars 1850.

Le traitement des instituteurs suppléants remplaçant des instituteurs communaux est fixé par le recteur de l'académie. Il peut être prélevé sur le traitement du titulaire.

Le passage d'un instituteur suppléant de la deuxième à la première classe peut avoir lieu sans changement de résidence.

Le nombre des instituteurs suppléants de première classe ne peut excéder, dans chaque département, le tiers du nombre des instituteurs suppléants.

Art. 5. Sur la proposition du recteur de l'académie, une allocation supplémentaire peut être accordée par le ministre de l'instruction publique aux instituteurs communaux qui l'auront méritée par leurs bons services.

Cette allocation est calculée de manière à élever à 700 fr. après cinq ans, et à 800 fr. après dix ans, le revenu scolaire, dont le minimum est fixé à 600 fr. par la loi du 15 mars 1850 : elle peut être annuellement renouvelée, si l'instituteur continue à s'en rendre digne.

Dans tous les cas, le nombre des instituteurs communaux qui reçoivent cette indemnité ne peut dépasser le dixième du nombre total des instituteurs communaux de la circonscription académique. Ce dixième ne devra être complétement atteint, s'il y a lieu, que dans cinq ans, à partir du 1er janvier 1854.

## TITRE II.

### *Des écoles de filles.*

Art. 6. Les écoles de filles, avec ou sans pensionnat, sont divisées en deux ordres, savoir :

Écoles de premier ordre :
Écoles de second ordre.

Art. 7. Aucune aspirante au brevet de capacité ne peut être admise à se présenter devant une commission d'examen, si elle n'est âgée, au jour de l'ouverture de la session, de dix-huit ans accomplis.

Le brevet de capacité mentionne l'ordre d'enseignement pour lequel il a été délivré.

Art. 8. Nulle institutrice laïque ne peut diriger une maison d'éducation de premier ordre, si elle n'est pourvue d'un brevet de capacité, délivré après un examen portant sur toutes celles des matières d'enseignement énumérées aux art. 23 et 48 de la loi du 15 mars 1850 qui sont exigées pour l'éducation des femmes.

Art. 9. Des institutrices peuvent être chargées de la direction des écoles publiques communes aux enfants des deux sexes qui, d'après la moyenne des trois dernières années, ne reçoivent pas annuellement plus de quarante élèves.

Les dispositions de l'art. 4 du présent décret, relatives au traitement et au logement, sont applicables à ces institutrices.

Art. 10. Toutes les écoles communales ou libres de filles, tenues soit par des institutrices laïques, soit par des associations religieuses non cloîtrées ou même cloîtrées, sont soumises, quant à l'inspection et à la surveillance de l'enseignement, en ce qui concerne l'externat, aux autorités instituées par les art. 18 et 20 de la loi du 15 mars 1850.

Art. 11. Le recteur de l'académie délègue, lorsqu'il y a lieu, des dames, pour inspecter, aux termes des art. 50 et 53 de la loi du 15 mars 1850, l'intérieur des pensionnats tenus par des institutrices laïques.

Art. 12. L'inspection des pensionnats de filles tenus par des associations religieuses cloîtrées ou non cloîtrées est faite, lorsqu'il y a lieu, par des ecclésiastiques nommés par le ministre de l'instruction publique, sur la présentation de l'évêque diocésain.

Les rapports constatant les résultats de cette inspection sont transmis directement au ministre.

## TITRE III.

### *De la rétribution scolaire.*

Art. 13. A la fin de chaque année scolaire, le préfet, ou, par délégation, le sous-préfet, fixe, sur la proposition des délégués cantonaux et l'avis de l'inspecteur de l'instruction primaire, le nombre maximum des enfants qui, en vertu des prescriptions de l'art. 24 de la loi du 15 mars 1850, pourront être admis gratuitement dans chaque école publique, pendant le cours de l'année suivante.

La liste des élèves gratuits, dressée par le maire et les ministres des différents cultes et approuvée par le conseil municipal, conformément à l'art. 45 de la loi du 15 mars 1850, ne doit pas dépasser le nombre ainsi fixé.

Lorsque cette liste est arrêtée par le préfet, il en est délivré par le maire un extrait, sous forme de billet d'admission, à chaque enfant qui y est porté.

Aucun élève ne peut être reçu gratuitement dans une école communale, s'il ne justifie d'un billet d'admission délivré par le maire.

Art. 14. A partir de l'exercice 1854, le rôle de la rétribution scolaire, prescrit par l'art. 22 du décret du 7 octobre 1850, sera dressé à la fin de chaque trimestre. Il comprendra tous les enfants présents à l'école pendant le trimestre écoulé, avec l'indication du nombre de douzièmes dus pour chacun d'eux. Il ne sera tenu compte, dans le rôle trimestriel, d'aucune fraction de douzième, tout mois commencé étant dû en entier.

Art. 15. Notre ministre secrétaire d'État au département de l'instruction publique et des cultes est chargé de l'exécution du présent décret.

Fait au palais des Tuileries, le 31 décembre 1853.

NAPOLÉON.

Par l'Empereur :

*Le ministre secrétaire d'État au département de l'instruction publique et des cultes,*

H. FORTOUL.

# TABLE DES LOIS ET RÈGLEMENTS.

# RECUEIL DES LOIS ET ACTES

## DE L'INSTRUCTION PUBLIQUE.

7e Année. 1854. 6 fr. par an.

Chaque mois il est publié un numéro de deux à quatre feuilles in-octavo, selon le nombre des actes officiels. — Les numéros sont envoyés directement par la poste. — Le prix de l'abonnement est de *six francs* par an. — Les abonnements ne se prennent que pour l'année courante. — On souscrit à la librairie de J. Delalain.

Le *Recueil des lois et actes de l'Instruction publique*, dont la publication date de février 1848, contient tous les actes et documents officiels relatifs à l'instruction publique et libre. Ce journal ne donne pas seulement les actes et documents qui émanent du ministère de l'instruction publique et concernant les établissements d'enseignement public et libre ; mais il publie aussi les actes émanés des autres ministères, relatifs aux écoles spéciales du gouvernement. Des tables chronologique et analytique, publiées à la fin de chaque année, facilitent la recherche des actes et documents officiels.

La collection des années 1848-1853 forme 6 forts vol. in-8o. Prix : 30 fr. Prix de chaque année : 6 fr. Cette publication a été approuvée par le conseil de l'Université.

# ANNALES LÉGISLATIVES

## DE L'INSTRUCTION PRIMAIRE.

5e Année. 1854. 3 fr. par an.

Chaque mois il est publié un numéro de deux à trois feuilles in-octavo, selon le nombre des actes officiels. — Les numéros sont envoyés directement par la poste. — Le prix de l'abonnement est de *trois francs* par an. — Les abonnements ne se prennent que pour l'année courante. — On souscrit à la librairie de J. Delalain.

La publication des *Annales législatives de l'Instruction primaire* date de la promulgation de la loi de mars 1850. Ce journal ne contient pas seulement les actes et documents concernant l'enseignement primaire ; mais il donne aussi les documents relatifs aux écoles spéciales du gouvernement, dont l'entrée est accessible aux élèves des écoles primaires. Des tables chronologique et analytique, publiées à la finde chaque année, facilitent la recherche des actes et documents officiels.

La collection des années 1850-1853, précédée des actes antérieurs au 15 mars et non abrogés par la nouvelle loi, forme 4 vol. in-8o. Prix de chaque année : 3 fr. Cette publication a été adoptée par plusieurs recteurs pour les bibliothèques des délégations cantonales.

www.ingramcontent.com/pod-product-compliance
Ingram Content Group UK Ltd.
Pitfield, Milton Keynes, MK11 3LW, UK
UKHW031934260826
14628UKWH00004B/1620

9 782329 460963